Mark Spörrle / Kathrin Sabeth Ohl

Normal ist das dicht!

Für alle wirklich guten Handwerker
und Handwerkerinnen

MARK SPÖRRLE UND
KATHRIN SABETH OHL

Normal ist das dicht!

Hilfe, Handwerker – ein Überlebensführer

HERDER

FREIBURG · BASEL · WIEN

Der Inhalt des vorliegenden Buches ist von vorne bis hinten frei erfunden und entspricht in keiner Weise der Wirklichkeit. Ähnlichkeiten mit tatsächlich vorkommenden Personen, Verbänden und Berufsgruppen sind rein zufällig und nicht gewollt. Diese Satire hat mit der Realität also absolut nichts gemein, auch wenn die Realität bisweilen noch gemeiner sein mag als die Satire. Aber dafür übernehmen die Autoren keine Verantwortung.

www.herder.de

Umschlaggestaltung: R·M·E Roland Eschlbeck, Rosemarie Kreuzer
Umschlagmotiv: © Gettyimages
Foto S. 2: © fotolia

Innengestaltung:
Weiß-Freiburg GmbH – Graphik & Buchgestaltung

Herstellung: CPI – Clausen & Bosse, Leck

Gedruckt auf umweltfreundlichem, chlorfrei gebleichtem Papier
Printed in Germany

ISBN 978-3-451-29856-1

Inhalt

Liebe Leserin, lieber Leser,

es soll Menschen geben, deren Waschmaschine eines schönen Tages kaputtging. Bei denen ein neuer Wandanstrich fällig war. Deren dünn gewordener Holzfußboden während einer wilden Party durchbrach. Kurz: Menschen, die dann einen Handwerker riefen. Und der erschien pünktlich und zuverlässig, mit dem geeigneten Werkzeug, wusste genau, was zu tun war – und tat es, nach bestem Wissen und Gewissen und zudem steuerbegünstigt. Und danach war alles gut. Die Waschmaschine lief besser als jemals zuvor, die Wand sah wunderbar aus und der neue Fußboden lag prima und hielt erstklassig – so sehr die Gäste auch tanzten. Und wenn sie nicht gestorben sind, dann tanzen sie noch heute.

Ja genau, sagen Sie jetzt, genau so war es bei Ihnen! In dem Fall sollten Sie dieses Buch unbedingt lesen. Denn es kann sein, dass Sie einfach Glück gehabt haben. Ungeheures Glück. Oder bei dem Waschmaschinenmonteur, Anstreicher oder Parkettleger handelte es sich um einen guten Freund oder Nachbarn. Oder um jemanden, mit dem Sie verwandt oder verschwägert sind. Oder es jedenfalls bald sein werden. Denn derlei Handwerker sind rar und – wir kommen noch darauf – für Normalkunden ständig ausgebucht.

Möglicherweise aber, und die Wahrscheinlichkeit dafür ist groß, waren Ihre Erfahrungen mit diesem Berufsstand nicht ganz so positiv. Und die Waschmaschine verschied beim ersten Waschgang endgültig, gestrichen wurde nicht das, was gestrichen werden musste, und der neue Holzfußboden warf wenig später großen Wellen. Sie aber dachten bislang, Sie hätten einfach nur Pech mit dem Handwerker gehabt. Oder seien eben besonders anspruchsvoll, zu anspruchsvoll, wie er irgendwann ziemlich verstimmt zu Ihnen sagte. Denn er arbeite schon lange Jahre in seinem Job und in der ganzen Zeit habe sich noch niemand jemals über seine Arbeit beschwert, niemals, kein einziges Mal – nur eben Sie, SIE, seien nicht zufrieden.

Wenn das so ist, sollten Sie dieses Buch erst recht lesen. Damit Sie sich in Zukunft nichts mehr einreden lassen. Das versuchte man auch mit uns, als wir – genauer: unsere Bank – eine Wohnung kauften. Eine Wohnung, noch im Bau, aber in wenigen Monaten kernsaniert, wärmegedämmt, so gut wie neu. Eine super Sache also, allerdings stellte sich heraus, dass es keinen Bauleiter gab und der Architekt ließ sich niemals blicken. Also verhinderten wir, dass die Schornsteinbauer in der Wohnzimmerwand ein mysteriöses kopfgroßes Loch zurückließen. Bestanden darauf, dass die Installateure die Wasserleitungen im Badezimmer unter dem Estrich verlegten statt wie vor hundert Jahren üblich in Knöchelhöhe über Putz. Schafften es, in unzähligen nervenaufreibenden Gesprächen Elektriker und Fliesenleger so zu koordinieren, dass im Bad die Steckdosen nicht irgendwo und vor allem nicht hinter den Waschbecken lagen. (Die Elektrofirma verlangte für diese offenbar ungewöhnlichen Mühen einen Aufpreis.)[1] Am Ende hatten wir vieles über Rohre, Waschbecken, Fußböden und Wandlöcher gelernt, was wir nie hatten lernen wollten. Und: Wir hatten vor allem jede Menge über Handwerker gelernt: wie man die falschen erkennt und die richtigen findet. Wie man ihnen sagt, was man will. Wie

---

1 Ja, schließlich verbrachten wir fast unsere gesamte Freizeit auf der Baustelle mit der Beaufsichtigung der Handwerker – etwas, das wir uns vorher nie hatten träumen lassen. Später erfuhren wir dann ungläubig, dass Experten genau das empfehlen ...

man richtig reklamiert und ihre Ausreden durchschaut. Wie man erreicht, dass sie tun, was man möchte. Und vor allem: Wie man die Zeit mit ihnen durchsteht, ohne durchzudrehen. Ohne zum Scheidungsanwalt zu müssen[2]. Und ohne in die Armutsfalle zu geraten.

Alles Dinge, die man wissen sollte, bevor man sich mit diesem Berufsstand einlässt. Ganz egal, ob man vorhat, eine »fertige« Wohnung oder ein Haus zu kaufen. Ob man ein neues Fenster braucht, einen neuen Fußboden, eine neue Küche. Oder lediglich möchte, dass sich jemand um den kaputten Kronleuchter kümmert. Aber der, ein angeblich phänomenaler Elektriker aus der Nachbarschaft, kommt und kommt nicht … Mit diesem Buch haben Sie all denen viel voraus, die denken, schlechte Erfahrungen mit Handwerkern, das sei einfach Pech. Niemand wird Ihnen mehr einreden können, der Ärger mit einem Installateur, Heizungsbauer oder Parkettleger, das alles sei doch bloß Ihre Schuld. Wir können Ihnen schon jetzt versichern: Das ist es nicht!

PS. Sollte dieses Buch für Sie zu spät kommen – denn es ist schon alles vorbei und Sie sind völlig am Ende und fertig mit den Nerven, dann hoffen wir, dass Sie wenigstens jetzt über den ganzen Wahnsinn ein bisschen lachen können.

---

[2] Tatsächlich: Ein Haus- oder Wohnungsbau gehört nicht zuletzt der Handwerker wegen neben Arbeitslosigkeit und Kindergeburt zu den häufigsten statistisch erfassten Scheidungsgründen.

1.

Sind Sie wirklich sicher, dass Sie einen Handwerker brauchen?

Nein, wir wollen uns nicht schon gleich zu Anfang aus der Affäre ziehen. Wo wir doch versprochen haben, Ihnen zur Seite zur stehen, bis auch der letzte Handwerker für immer Ihre Wohnung verlassen hat. Außerdem wissen wir aus eigener Erfahrung, wie entnervend ein tropfender Wasserhahn sein kann. Eine Tür, die sich nur noch mit roher Gewalt schließen lässt. Und erst dieses Klopfen in der Heizung, von dem sämtliche Nachbarn stur behaupten, sie hörten es kein bisschen: ob nicht vielleicht SIE etwas überarbeitet seien? …

Aber bevor man an das Äußerste, an einen Handwerker denkt, gäbe es noch andere Wege, mit einer solchen Situation fertig zu werden. Sie könnten versuchen, sich einzureden, da sei nichts, genau wie Ihre Nachbarn das fortwährend tun. Wenn das nicht klappt, könnten Sie anfangen zu trinken oder überlaut Musik zu hören. Experten zufolge geht ein großer Teil der überlaut gehörten Musik in deutschen Wohnungen ursprünglich auf entnervendes Klopfen in der Heizung zurück, Klopfen, an das sich die Überlaut-

Musik-Hörer aber längst nicht mehr erinnern könnten, würde man sie fragen.[3] Sie könnten auch bewusstseinsdämpfende Drogen und/oder hochprozentigen Hustensaft nehmen. Und wenn alles nichts hilft, könnten Sie umziehen – um dann festzustellen, dass in der neuen Wohnung irgendetwas noch viel schlimmer ist[4]...

Last, not least könnten Sie auch selber Hand anlegen, obwohl Sie eigentlich bekennender Kopfarbeiter sind. In dem Fall ist ein solcher Versuch enorm zeitraubend, erfordert unzählige Gespräche mit Menschen, die sich angeblich auskennen, aber dann doch nur eine große Klappe haben, verlangt unzählige Fahrten in den nächsten und übernächsten Baumarkt. Und kann dann, nachdem man einen mittleren Gerätepark angeschafft hat und zum Fachmann für Nut und Feder geworden ist, einigermaßen gut enden. Oder aber vor Gericht, zumindest aber in der Notfallambulanz.

Gut, wenn es nur um so etwas wie Wändestreichen in der Küche geht, hätten Sie auch die Möglichkeit – sofern Sie nicht sechs bis sieben Abende Ihrer Freizeit abwechselnd mit Streichen und Selbstzweifeln verbringen wollen – ein paar Nachbarn zu einer lustigen Streichparty einzuladen. Das würde Sie gerade mal drei bis vier Kästen Bier und eine Runde Pizza kosten, also kaum mehr als ein Maler allein schon für die Anfahrt verlangt. Und obendrein, und das kommt bei einem Handwerkereinsatz überaus selten vor, hätten Sie danach ein paar neue Freunde gewonnen. Die Sie bei allernächster Gelegenheit ihrerseits zu vielen lusti-

---

[3] Man kann sie aber leider nicht fragen, der ständigen überlauten Musik wegen.

[4] Und glauben Sie uns, denn wir kennen Handwerker: Die Wahrscheinlichkeit dafür ist beträchtlich.

gen Streichpartys, Fliesenverlegefeten oder Schrankaufbaufesten einladen würden …

Bleibt im Zweifel also doch nur ein Handwerker. Der hat wenigstens schon ein paar Arbeitsgeräte – womit nicht gesagt ist, dass er sie auch dabei hat – verfügt über eine gewisse Routine und es sind seine Finger, die auf dem Spiel stehen. Und es muss ja nicht jedem gehen wie Frank Haltehoff-Lenbein aus Kösfeld. Der seine neue Waschmaschine von einem ausgewiesenen Meisterbetrieb anschließen ließ und anschließend nach Mallorca flog. Wo ihn ein empörter Anruf seiner Nachbarn erreichte, durch deren Decke es tropfte. Haltehoff-Lenbein flog mit dem nächsten Flugzeug zurück, gerade noch rechtzeitig um mitzubekommen, wie ein Kommando der Feuerwehr mit Schlauchbooten seine geflutete Wohnung stürmte. Denn der ausgewiesene Meister hatte vergessen, den Maschinenschlauch am Hahn zu befestigen.

Es muss Ihnen auch nicht zustoßen, was Sabine Feuermal aus Kleinmachnow widerfuhr. Die hatte eine hochspezialisierte Firma beauftragt, einen prächtigen Sonnenbalkon an ihrem bis dato balkonlosen Einfamilienhaus zu installieren. Kaum waren die Spezialisten gegangen, tanzte Feuermal mit einer Flasche Champagner aus ihrer neuen Balkontür, stürzte zwei Stockwerke tief und brach sich beide Beine. Denn unglücklicherweise befand sich die neue Balkontür auf der einen Seite des Hauses – der neue Balkon aber auf der anderen.

Und sicher, auch die Geschichte von Thomas und Silvia Taffertshauser aus Düsseldorf kann man nicht verallgemeinern. Die fanden nach einem Fest ihres 14-jährigen Sohnes im vorher picobello aussehenden Kirschholzboden im Wohnzimmer zwei hässliche Brandlöcher. Taffertshausers wandten sich an einen Dielenbodenfachmann. Der versprach, den Schaden so zu beheben, dass niemand etwas merken würde. Und tatsächlich: Als Taffertshausers aus ihrem Kurzurlaub zurückkehrten, bestand der Boden ihres Wohnzimmers aus hässlichem, weiß gestrichenem Furnierholz. Ihr wunderschöner Kirschholzboden hingegen wurde gerade als angebliche Importware aus England in einer Neubauwohnung ein paar Straßen weiter verlegt. Über Geschmack ließe sich nicht streiten, sagte der Amtsrichter, als er Taffertshausers Klage abwies.

Aber wie gesagt: Nein, so muss es Ihnen ganz und gar nicht ergehen. Es kann auch sein, dass Sie, und das meinen wir ganz unironisch, auf einen wahren Meister seines Fachs stoßen. Aber, seien wir ehrlich, die Wahrscheinlichkeit, dass Ihnen das widerfährt, ist erbärmlich gering.[5]

Wenn Sie also Schlimmeres vermeiden wollen: Lesen Sie dieses Buch, an das Sie durch einen glücklichen Umstand gekommen sind, sehr sorgfältig. Unser Rat: Lesen Sie dieses Buch vor allem, BEVOR Sie einen Handwerker kontaktieren. Nachher ist es meistens zu spät.

Psychotipp:
Sprechen Sie sicherheitshalber noch einmal mit Ihrem Partner/Ihrer Partnerin, ob Sie beide DAS – die Sache mit dem Handwerker – wirklich wollen. Haben Sie noch keinen Partner oder eine Partnerin, suchen Sie sich schnell jemanden, das wird Ihnen helfen, alles besser durchzustehen.

---

[5] Siehe dazu weiter hinten. Fast noch wahrscheinlicher ist in den heutigen Zeiten finanzieller Verrohung, dass diese Koryphäe von einem Handwerker sich in kurzer Zeit dumm und dämlich verdient, dann eine eigene große Firma eröffnet und nun andere in seinem guten Namen den Job erledigen lässt. Aber, wie gesagt: Gute Handwerker gibt es nur sehr wenige …

2.
Wie finden Sie den Richtigen?

Fast nirgends sonst, ausgenommen beim Kauf von dubiosen Wertpapieren, kann man mit einer einzigen Tat einen so folgenschweren Fehler begehen wie bei der Auswahl eines Handwerkers. Vorausgesetzt, Sie haben überhaupt die Wahl: Viele Hausverwaltungen, Mietshausbesitzer oder Wohnungs- und Hausverkäufer arbeiten aus guten (für Sie unguten) Gründen mit immer denselben zweifelhaften Leuten zusammen. Doch auch sonst können Sie geradewegs ins Fiasko laufen, beispielsweise, wenn Sie sich durch scheinbar positive Anzeigentexte in Kostenlosblättern oder Werbeaufschriften auf Firmenautos beeindrucken lassen. Denn dort sind im Gegenteil nur allzu oft Warnungen versteckt: »Ihr Fachbetrieb seit 30 Jahren« ist häufig ein unverhohlener Hinweis auf den aktuellen Stand des Fachwissens und den Ermüdungsgrad der frustrierten Altgesellen. »Wir lösen jedes Installationsproblem!« wird in neun von zehn Fällen zur Folge haben, dass man Ihnen nach aufwendigen Untersuchungen erzählt, bei dem Umstand, dass aus dem Hahn Ihrer neuen Badewanne kein Wasser fließe, handele es sich eben nicht um ein Installationsproblem. Sondern um ein Wunder. Ganz besonders sollten Sie auf der Hut sein, wenn eine Handwerksfirma sich einfach nur als »Meisterbetrieb« bezeichnet: Dann nämlich ist selbst dem Chef nach ausführlichem nächtelangem Grübeln nichts weiter eingefallen, mit dem man für sein Unternehmen werben könnte. Und »Meisterbetrieb« heißt noch lange nicht, dass hier ein Meister des Fachs persönlich klempnert oder mauert oder zumindest das Werk der Mitarbeiter begutachtet. Es kann genauso gut bedeuten, dass der 64-jährige rotnasige Schwiegeropa, dessen Meisterbrief goldgerahmt und angestrahlt im Eingangsbereich der Firma hängt, noch jeden zweiten Donnerstag ins Büro schlurft, um meisterhaft überhöhte Kundenrechnungen zu schreiben.

Aber zurück zur Ausgangsfrage: Wie nun finden Sie den »Richtigen«? Ehrlicherweise muss man sagen, dass sich in puncto Handwerker die Ansprüche gewaltig unterscheiden: Dem einen Kunden genügt es, dass der von ihm beauftragte Betrieb in unmittelbarer Nähe seiner Wohnung liegt, damit er sich die Anfahrtspauschale sparen kann – die ihm später dennoch in Rechnung gestellt wird, aber bis dahin ist so viel passiert, dass die Anfahrtspauschale sein geringstes Problem ist.

Der andere Kunde möchte dagegen nicht nur, dass seine Küchenfliesen verlegt werden. Er möchte obendrein, dass dies erstens an der richtigen Stelle und zweitens möglichst schön, also so ähnlich wie im Prospekt des Fliesenherstellers geschieht – auch dies eine trügerische Hoffnung, auf deren Nebenwirkungen wir noch eingehen werden.

Dennoch, egal wo genau zwischen diesen beiden Extremen Ihre Erwartungen angesiedelt sind: Mit der folgenden Typologie können Sie vermeiden, sich den absolut Falschen ins Haus zu holen. – Sofern er überhaupt kommen würde.

Finger weg oder zugreifen:

Die Handwerkertypen im Vergleich

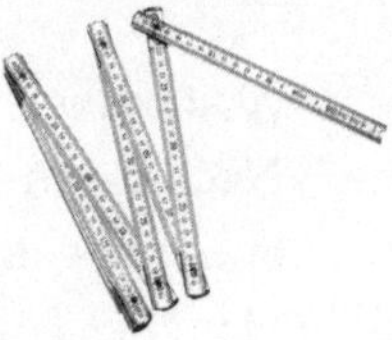

Der Lokalmatador

Werner Warms Elektrobetrieb ist seit gefühlten Ewigkeiten an Ihrer Straßenecke, davor stehen angestaubte Werbeaufsteller mehrerer Lichtschalter- und Steckdosen-Hersteller (die er zwar längst nicht mehr vertritt, aber die Aufsteller zwingen Passanten zum langsamen Slalom mit Blick auf sein Schaufenster und kosten obendrein nichts). Innen in seinem Laden hat Warm es mit drei bis vier auf Holzplatten geklebten Lichtschalter-Modellen zum »selbstverständlich kostenlosen Test« auf Kundschaft abgesehen, die lange Wege scheut, weil sie keine Zeit, kein Auto oder ein rührendes Maß Lokalpatriotismus hat – etwas, das Warm schamlos ausnutzt. Und dafür, dass er keine Ahnung rund um das Thema Energiesparbeleuchtung hat, hat er eine plausible Erklärung: »Das Zeug taugt alles nix«, sagt Warm. »Glauben Sie mir, ich mache das seit 40 Jahren!«

Tatsächlich bringt er in Ihrer Wohnung standardmäßig Lichtschalter zum Einsatz, die ungefähr aus seiner beruflichen Anfangszeit stammen dürften[6] und farblich stets in krassem Gegensatz zu Ihrer Wandfarbe stehen. Erheben Sie Einspruch, installiert er teure Markenware, die er sehr günstig aus China bekommt. Die deutschen Endpreise finden sich in den Katalogen, die er Ihnen leihweise überlässt, selbst-

---

[6] In der Tat erwarb er einen größeren Posten dieser Lichtschalter aus der Konkursmasse seines unglücklichen Vorgängers, der in genau denselben Räumen vor Jahren erst einen Elektrobetrieb, dann einen Ramschminielektromarkt und schließlich einen Lottoladen mit Süßigkeiten- und Glühlampenverkauf betrieb. Eines Tages, aber das hat natürlich nichts zu sagen, fand man den Unglücklichen tot in seinen Geschäftsräumen, die Hand noch an einem der Lichtschalter.

verständlich nicht, und wenn er sie Ihnen auf beharrliches Nachfragen nennt, nuschelt er so, dass sie sich viel niedriger anhören – und natürlich nuschelt er ohne Mehrwertsteuer. Hat er es geschafft, bei Ihnen mehrere Steckdosen zu installieren und hat er auf Ihren ausdrücklichen Wunsch hin tatsächlich die Leitungen unter Putz und nicht hinter der Fußleiste verlegt, werden Sie feststellen, dass die eine oder andere entweder keinen Strom führt oder aber so viel, dass Sie fortan beim morgendlichen Einschalten Ihrer Kaffeemaschine von einem Stromschlag endgültig geweckt werden.[7] Aber wenn Sie Kompensation von ihm wollten, müssten Sie ihn erst zu fassen kriegen, und das ist nicht so leicht: Warm hat eine kleine Kamera über seiner Ladentür installiert und macht nicht auf. Sollte er sich allerdings auch beim dritten oder vierten Vorbeischauen noch tot stellen, kann dies durchaus einen realen Hintergrund haben und er liegt im Hinterzimmer, neben einer frisch installierten Steckdose …

UNSER RAT: Zwingen Sie ihn, die von ihm angebrachte Elektrik in Ihrer Anwesenheit selbst zu testen, bevor er wieder geht.

Der Rosinenpicker

Einen wie Hartmut Kerzig trifft man besonders häufig in Gewerken, zu denen es künstlerische Pendants gibt, etwa

7 Wir wurden von der Elektroinnung unter Androhung einer lokalen Stromsperre genötigt, an dieser Stelle unkommentiert Folgendes zu erwähnen: Zuviel Kaffee ist ebenfalls höchst ungesund. Schon bei einem halben Liter am Tag können bei Älteren und Schwächeren lebensgefährliche Zustände auftreten. Da hilft es auch nichts, wenn man den halben Liter Kaffeepulver mit Wasser auf zehn bis zwanzig Liter Heißgetränk streckt und diese herunterkippt. Was ist dagegen schon ein kleiner Stromschlag am Morgen, der Körper und Geist im Nu und kostengünstig in einen hellwachen Zustand versetzt?

bei Stuckateuren, Tischlern oder, wie in Kerzigs Fall, bei den Malern. Kerzig trägt längeres Haar und geblümten Künstlerschal, sieht sich in der Tradition von Michelangelo oder Mark Rothko und weist gerne im ersten Kontaktgespräch mehrfach darauf hin. Das klingt gerade für Auftraggeber mit akademischem Hintergrund sehr sympathisch, ebenso wie der Hinweis, am Wochenende male er in der Scheune hinter seinem Haus großformatige Bilder und stelle diese auch aus. Im Fall von Malermeister Kerzig heißt das im Hinblick auf seinen Brotberuf allerdings: Er führt nur die prestigeträchtigen Projekte selber aus – Arbeiten im Rathaussaal zum Beispiel. Seinen ahnungslosen Nullachtfünfzehn-Kunden, zu denen auch Sie gehören, wird er vor Auftragsvergabe stolz und wie beiläufig ein Foto aus der Lokalzeitung präsentieren, das ihn mit dem Bürgermeister zeigt. Um dann Ihre Wohnung seinem Dreamteam zu überlassen, bestehend aus einem Gesellen, der sich parallel um drei andere Wohnungen kümmert, einem blutigen Lehrling und zwei fremdsprachigen Hilfsarbeitern. Kerzig muss auf den Cent gucken, denn nicht nur sein Luxusklassewagen und die kunstverliebte Geliebte in Itzehoe müssen finanziert werden, sondern auch die Esseneinladungen für den Bürgermeister und die großmäuligen Anzeigen, die – ebenso wie seine Preise – suggerieren, er arbeite jeden Auftrag mit einem Team von teuren Spitzenkräften ab. Im realen Leben hat seine Combo nicht mal Abklebband dabei. Und wenn Sie aus eigener Tasche und Sorge um angrenzende Wände und Fußboden hastig eins kaufen, benutzen es Kerzigs Leute nach kurzer ratloser Debatte schließlich als Schweißband fürs Handgelenk.

UNSER RAT: Nerven Sie diese Laien nur nicht zu sehr, damit die am Ende nicht vor lauter Nervosität noch auf die Idee kommen, SIE mit dem Abklebband abzukleben – in den Ländern, aus denen die meisten von Kerzigs Helfern stammen, ist das gar nicht so selten.

Der Leibeigene

Installateur Manfred Tölpel-Bangblick hat seine ganz persönliche, ziemlich geschickte Überlebensstrategie in diesen schweren Zeiten entwickelt: Er unterwirft sich samt Gesellen Bauträger Thorben Kamms Firma Tollhaus – »wir bauen Ihnen Ihre Traumwohnung nach Ihren Wünschen!«. Oder er stellt sich in die Dienste des Sanitäranbieters »Feucht-Träume«. Das hat für Tölpel-Bangblick den Nachteil, dass er an einen einzigen Arbeitgeber gebunden ist, der sich zudem bei der Preisgestaltung so gut auskennt, dass Tölpel-Bangblick ihn bei derselbigen nicht übers Ohr hauen kann: im Gegenteil, von Jahr zu Jahr wird Tölpel-Bangblick mehr und mehr übers Ohr gehauen. Aber, und das ist sein Vorteil, er kann immer noch jemand anderen noch viel schlimmer übers Ohr hauen, und das sind Sie. Üblicherweise geraten Sie an Tölpel-Bangblick, indem Sie von Thorben Kamms Firma Tollhaus eine schlüsselfertige Wohnung kaufen und/oder sich bei »Feucht-Träume« die Becken und Wannen fürs neue Bad aussuchen. Im ersten Fall finden Sie ihn Tage nach dem Übergabetermin unvermittelt in Ihrer angeblich längst fertigen (mehr zu dieser Definition später) Wohnung, wie er ratlos fluchend an einem Rohr herumschraubt, während das Wasser in hohem Bogen die frisch gestrichene Wand nässt. Im anderen Fall ist er der »Spitzenmann«, den die freundliche Waschbeckenverkäuferin aus der Badausstellung zufälligerweise kennt. Der Zufall, aber das erfahren Sie nie, relativiert sich dadurch, dass er seit Jahren dem Chef des Sanitärladens, zufälligerweise sein Schwippschwager, 15 Prozent von jedem vermitteltem Auftrag abgibt.

In beiden Fällen sichert sich Tölpel-Bangblick so nicht nur eine passable Auftragslage, sondern auch die Freiheit, schlecht zu arbeiten. Denn, das weiß er, jemand, der sich wirklich auskennt, würde nicht auf zweifelhafte Empfehlungen oder Bauträger wie Kamm hereinfallen. Davon abgesehen: Was bleibt ihm anderes übrig, als schlecht zu arbeiten, wenn er bei derart gedrückten Preisen auch noch selber einen ordentlichen Schnitt machen will? So schnell wie er und seine Leute kloppt also niemand anders die Rohre in die Wand, so wenig Dämm-Material für Rohre und Leitungen wie er nimmt kein anderer, und wenn ihm in der knapp kalkulierten Zeit das C- oder D-Material ausgeht, nimmt man halt ein Stück Gartenschlauch, das gerade herumliegt – und ehrlich gesagt qualitativ auch nicht so viel schlechter ist. Für anspruchsvollere Aufgaben reicht Tölpel-Bangblicks Zeitfenster nicht, denn nach exakt zwei Tagen wartet schon die nächste Wohnung auf ihn. Das sagt er Ihnen natürlich nicht, denn gerade an den anspruchsvollen Aufgaben (und an den eingesparten Dichtungen) verdient er unverschämt gut, denn dabei handelt es sich oft um lang gehegte Herzenswünsche, auf die seine Kunden viel und lange gespart haben. Dass er also noch nie einen Wellness-Wasserhahn mit naturidentischem Bachauslaufwinkel und temperaturabhängig von knallrot zu weiß wechselnder Wasserfarbe installiert hat, hält ihn nicht davon ab, das, unter Verlust etlicher Ventile, zu tun. Wodurch Sie als Kunde, aber Sie haben ja keine Ahnung, den Wasserfall nie in seiner ganzen Pracht kennenlernen und fortan auf die betrügerischen Wellness-Wasserhahnhersteller schimpfen werden.

Und falls der Pfusch doch auffliegt, im Rausreden ist Tölpel-Bangblick geübt: Dann behauptet er gegenüber dem Bauträger oder dem Sanitärausstatter, der Kunde hielte sich nicht an Absprachen, hätte absurde Forderungen und beschäftige obendrein einen Schwarzarbeiter, der nachts an dem Wasserhahn herumgepfuscht habe. Gegenüber dem Kunden macht er auf ausgebeuteten, am Existenzminimum kratzenden grundehrlichen Vertreter seiner Zunft, der erbarmungslos von Auftrag zu Auftrag gehetzt wird – »Wie soll man da noch Qualität abliefern? – Entschuldigung, stört es, wenn ich nebenbei dieses Brötchen von vorgestern esse, keine Sorge, nur eins, mehr zu Mittag kann ich mir nicht leisten.« Den dazu passenden hohlwangigen Gesichtsausdruck trainiert er morgens vor dem Badezimmerspiegel.

UNSER RAT: Taucht Tölpel-Bangblick auf, hilft nur beten – und alles, was er tut, zwecks Beweissicherung zu fotografieren.

Der Komm'-ich-heut'-nicht-komm'-ich-morgen-Mann

Karsten Keßler-Kleber hat ein Haus auf dem elterlichen Grundstück gebaut und, denn er hatte noch Werkzeug und Material übrig, eine Allrounder-Firma gegründet, eine Tochterfirma des väterlichen Meisterbetriebes. Bei ihm läuft immer der Anrufbeantworter. Wenn er mal Lust hat zu arbeiten, guckt er, wer sich über die gelben Seiten oder die Anzeige im Kostenlos-Wochenblatt zu ihm verirrt hat (sein

Slogan: »Heute streich' ich, morgen flies' ich, übermorgen …«). Wie er dann vorgeht, ist oft von seiner Tagesform abhängig. Bisweilen kann es passieren, dass er Sie tatsächlich zurückruft. Und mit Ihnen vereinbart (denn er habe so viel zu tun), einen Termin am Freitag um 10 Uhr »dazwischenschieben« zu wollen, was ganz günstig sei, denn er habe bei Ihnen um die Ecke etwas zu erledigen und würde sicherheitshalber um acht noch mal anrufen, ob es wirklich klappt. Wenn er dann um halb zehn anruft, wird er sagen, dass nun doch leider etwas sehr Wichtiges dazwischengekommen sei. Sie werden über einen Termin am Montag gegen 15 Uhr sprechen, ein sehr günstiger Zeitpunkt, denn dann sei er ohnehin in der Nähe. Aber montags um 15 Uhr scheint die Sonne, also ruft er um 15.30 Uhr an, um Ihnen zu sagen, dass er eine wichtige Besprechung in einem Biergarten hat, die gegen 20 Uhr (Sonnenuntergang) endet. Gleich anschließend möchte er bei Ihnen vorbeischauen; vorher will er noch mal kurz durchrufen. Doch dummerweise spielt ausgerechnet da der HSV gegen Hoffenheim, ein Muss. Also meldet er sich am nächsten Tag und bietet an, am Mittwoch vorbeizukommen, gegen 11 Uhr sei er sowieso bei einem Spezl ganz bei Ihnen in der Nähe. Um 14.55 Uhr ruft er an, um Ihnen Bescheid zu sagen, dass er tatsächlich fast bei Ihnen vor der Tür stehe, er müsse nur noch ein, zwei Telefonate erledigen und würde sich dann noch mal melden, bevor er klingle. Sie hatten damit, nach dem bisherigen vagen Verlauf der Gespräche, nicht mehr ernsthaft gerechnet, verlassen sofort unter einer dummen Ausrede das Büro, rasen freudig nach Hause, wobei Sie zweimal geblitzt werden und warten zunehmend ungeduldig auf Keßler-Kleber. Der meldet sich am nächsten Tag gegen 18 Uhr wieder, denn er musste einem Spezl ganz dringend bei einer kniffligen Sache helfen. Aber am nächsten Montag gegen 11 gebe es eine neue günstige Gelegenheit, er sei da ganz in der Nähe, aber vorher würde er zur Sicherheit noch mal durchrufen …

UNSER RAT: Keßler-Klebers wahres Handwerkszeug ist sein Flatrate-Handy. Denken Sie also ja nicht, dass er tatsächlich bei Ihnen vorbeikommt. Außerdem sind da ja noch seine anderen zehn wartenden Niemals-Kunden, die er teilweise schon deutlich länger hinhält als Sie. Seien Sie froh, dass Sie mit diesem Psychopathen nichts weiter zu tun haben müssen. Und sollte er doch mal klingeln, machen Sie lieber nicht auf. Man weiß ja nie.

Der Profi

Andreas Stillmeier ist Schreiner und hat ein schweres Los. Er gehört zu den Besten (es gibt sie wirklich noch!) und er hat Freude an, ja, findet echte Erfüllung in seiner Arbeit. Andere Schreiner zeigen deswegen höhnisch kichernd mit dem Finger auf ihn. Aber in seiner Werkstatt fertigt Stillmeier Bücherschränke und Badezimmerablagen aus Eiche, Kalkzeder oder Kirsche exakt nach Maß, Möbel, die perfekt verarbeitet sind und unzeitgemäß lange halten. In den schöpferischen Pausen, in denen er über eine optimale Gehrung oder einen passenden Nut-Feder-Komplex nachdenkt, schnitzt er gedankenverloren Holzspielzeug für seine Kinder. (Da er keine Kinder hat, erzielt dieses Spielzeug im Kunstladen seiner Schwester Höchstpreise.) Im Nebenraum, unter einem dicken Kissen, klingelt permanent das Telefon, obwohl seine Geheimnummer nur unter wirklich guten

Freunden weitergereicht wird. Aber selbst wenn Stillmeier ans Telefon gehen würde: Er ist ausgebucht. Hoffnungslos. Doch wer das Glück hat, dass Stillmeier wirklich abhebt und dann ein halbes oder ein Jahr Zeit hat bis zum ersten Vorgespräch, erlebt später sein blaues Wunder: Pünktlich zum vereinbarten Termin sind Regal, Garderobe oder hölzerner Sekretär an Ort und Stelle und passen auf Anhieb und den Millimeter. Reklamationen gibt es bei Stillmeier nicht, noch dazu denkt und handelt er selbstständig und hat zu allem Überfluss gute Umgangsformen. Um unter seinen Mitbewerbern nicht als zu elitär zu gelten, wäscht er sich nur gelegentlich die Haare, und verschweigt geflissentlich, dass er die ZEIT liest.

UNSER RAT: Wenn Sie ihn zum Freund haben, erhöht sich sprunghaft auch die Zahl derer, die SIE zum Freund haben wollen. Sie zum leckeren Wein oder zum schönen Essen einladen und fragen, ob Sie nicht rein zufälligerweise jemanden kennen ... Es gibt Leute, nein natürlich nicht SIE, die auf diese Weise sehr viel Geld bei den Mahlzeiten sparen.[8]

---

[8] Manche Menschen schlagen aus einer solchen Freundschaft zu einem wirklich guten Handwerker dermaßen schamlos Kapital, dass sie sich als freie Handwerkermakler Monat für Monat einen lukrativen Nebenverdienst sichern. Die lukrativsten Verdienste, zumindest kurzzeitig, erzielen übrigens diejenigen, die überhaupt keinen guten Handwerker kennen. In dem Zusammenhang erwähnenswert ist Frank Fuchs aus Roth bei Nürnberg, der mit der Behauptung, einen brauchbaren Heizungsinstallateur zu kennen, kurz vor dem Winter von den bedauernswerten Käufern der Neubausiedlung »Kummerow« des wieder mal in Konkurs gegangenen Bau-Tycoons Zonin sage und schreibe 1,3 Millionen Euro Vermittlungsgebühr einsackte, bevor er sich nach Brasilien absetzte.

Perle unter Säuen – die Handwerkerin

Sicher ist Ihnen schon aufgefallen, dass wir bislang nur von männlichen Handwerkern sprachen. Dies spiegelt so ungefähr auch die Realität wider, zumindest bei den Handwerksgenres, mit denen Sie rund um Haus und Wohnung zu tun haben.[9] Ein wichtiger Grund dafür ist die legendäre Schwäche des weiblichen Geschlechts: Frauen vertragen im Schnitt deutlich weniger Alkohol während der Arbeit, ja, viele verzichten sogar ganz darauf, und sie stehen auch die ausführlichen Debatten über die Vorzüge der BILD-Seite-1-Mädchen nur äußerst mühsam durch. Die Frauen, die den Job trotzdem durchhalten, arbeiten in der Regel so hervorragend, dass wir sie in diesem Buch keinesfalls ungerechtfertigterweise vorführen wollen. So wie Andrea Theyssen. Die verliebte sich vor sieben Jahren in ein kleines Jugendstilhotel an der Ostseeküste, das furchtbar heruntergekommen war und zum Verkauf stand. Von dem größeren Teil ihres Erbes kaufte Theyssen das Hotel. Mit dem kleineren Teil wollte sie die Handwerker bezahlen, die das Haus wieder herrichten sollten. Drei Jahre später hatte sie fast alles Geld ausgegeben, nahezu sämtliche Handwerker der Umgebung beschäftigt, und das Hotel sah noch furchtbarer aus als vorher. Mehr noch, sie hatte obendrein Ärger: Mit einem Schreiner, dem beim Zuschneiden von Holzbalken für den Dachstuhl die Säge kaputtgegangen war und der sie auf Schadensersatz verklagte. Mit einem Fliesenleger, der sie wegen Wettbewerbsverzerrung verklagte, weil sie ihn, einen notorisch bekannten Nichtzurarbeitkommer, als einzigen Fliesenleger des Kreises NICHT engagiert hatte. Mit der Frau

[9] Ganz anders sieht es natürlich im künstlerischen Handwerk aus. Wir kennen eine hervorragende Geigenbauerin, die seit Jahren steifhalsig und verzweifelt nach einem brauchbaren Fensterbauer für ihre zugige Werkstatt fahndet, um ihre Instrumente wieder selber ausprobieren zu können.

eines Malers, die so eifersüchtig darauf war, dass ihr Mann bei ihr Zeit verbrachte, um die Außenwände des Hauses zu streichen, dass sie jede frisch gestrichene Wand nachts kreischend mit knallroten Farbbeuteln bombardierte.[10] Irgendwann war Andrea Theyssen so verzweifelt, dass sie selber die Balken fürs Dach zuschnitt, selber die Fliesen verlegte und selber strich. Weil das nach einiger Zeit erstaunlich gut ging, restaurierte sie das ganze Haus Stück für Stück selber. Und weil sie das Geld sehr gut gebrauchen konnte, half sie bald auch anderen. Heute hat sie einen kleinen Betrieb, der auf das fachkundige Restaurieren von Gebäuden spezialisiert ist und beschäftigt ausschließlich weibliche Mitarbeiter. Überflüssig zu erwähnen, dass sie auf Jahre hinaus ausgebucht ist. Ja, der Ruf ihrer Firma ist so legendär, dass die glücklosen Handwerker der Umgebung immer wieder versuchen, sich am Telefon potenziellen Kunden gegenüber mit verstellter Stimme als Frauen auszugeben, um für qualifizierter gehalten zu werden.

Der Rohrkrepierer

Timo Wurmfort sagt immer nur einen Satz, wenn man ihn fragt, warum er eigentlich Handwerker geworden ist: »Weiß ich doch nicht!«. Und diese verzweifelte Frage hört er öfter. Wurmfort kommt im Auftrag der Hausverwaltung, egal ob irgendwo etwas zu streichen ist, kein Wasser fließt, der Strom weg ist, der Fahrstuhl klemmt, der Schimmelpilz blüht oder das Wasser von der Decke tropft. Mit all diesem Kram kommt Wurmfort gleich gut zurecht, nämlich gar

[10] Viel später stellte sich heraus, dass das finanziell klamme Malerpaar unter einer Decke steckte und lediglich das Honorar fürs Streichen in die Höhe treiben wollte.

nicht. Wieso sollte er auch, er hat keinerlei handwerkliche Ausbildung und ist daher schweinebillig, was ihn beim Hausverwalter wiederum so beliebt macht, dass er ihn gleich für fünf Jahre engagiert hat. Dass Wurmfort mit seinen Standardwerkzeugen Hammer und Zange kein einziges Problem löst, ist unterm Strich egal. Denn der Hausverwalter, der früher zwei Semester Psychologie studierte – und Wurmfort gegenüber den Eigentümern als vierköpfiges Facility-Management-Team abrechnet – vertritt die Ansicht, die meisten gemeldeten Probleme, bis hin zum nicht funktionierenden Fahrstuhl, existierten ohnehin lediglich im Kopf der über ihre selbst verschuldete Wohnsituation krankhaft unzufriedenen Mieter. Und allein das bloße Erscheinen des vorgeblichen Fachmanns Wurmfort, spätestens aber dessen mehrfaches Eindreschen mit einem Schraubenziehergriff auf die Türen des angeblich defekten Fahrstuhls, genüge, damit sich die Wohnenden ernst genommen, also besser, fühlten. Und die im Fahrstuhl Eingeschlossenen und vom Notrufservice ständig Vertrösteten erst recht. Neulich erst erzielte Wurmfort mit nur drei fachkundigen Schlägen in Hüfthöhe gegen eine Fahrstuhltür sogar eine Spontanheilung: Beide Türen öffneten sich und die kopfschüttelnd und ohne ein Wort des Dankes aussteigenden Fahrgäste waren frei. Am Abend erfuhr Wurmfort, dass sich der defekte Fahrstuhl im Nachbarhaus befand.

Die meisten Mieter, die Wurmfort mit solchem Können beglückt, sind so fassungslos, dass sie gar nicht auf die Idee kommen, sich bei der Hausverwaltung zu beschweren. Einige Ältere lächeln sogar verkniffen, denn sie denken, sie werden mit versteckter Kamera gefilmt. Und bei größeren Problemen muss ohnehin eine fremde Fachfirma, respektive die Feuerwehr ran.

UNSER RAT: Am besten, Sie lächeln auch. Ungefähr so, wie James Bond den Beißer anlächelte. Denn wer weiß, vielleicht werden Sie ja irgendwann doch gefilmt.

Der Therminator

Sven Salewski hat eine Goldgrube entdeckt: den Geiz der Mietshausbesitzer. Die schrauben um der Rendite willen die Mieten der Wohnungen bis zur Schmerzgrenze nach oben, schieben aber im Gegenzug seit 35 Jahren die überfällige Dach- und Fenstersanierung vor sich her. Und das Installieren von fließend Warmwasser. Stattdessen gibt es Gasthermen – diese blechernen Apparate, die über der Badewanne oder in der Küche hängen. Dreht man Warmwasser auf, dauert es zwei bis drei Sekunden, dann erwachen sie fauchend zum Leben und erhitzen das Wasser. Erwachen sie nicht mehr, ruft man Sven Salewski, den Thermenfachmann. Genauer, der Mieter ruft ihn, denn laut Mietvertrag hat er die ständig vorkommenden Thermenreparaturen selbst zu bezahlen. Und, da Wohnungen in dieser Gegend knapp sind, wenn nötig auch ein Neugerät. Salewski hat einen Vier-Punkte-Plan. Er repariert erstens den Zünder, was ein, zwei Wochen gut geht. Repariert zweitens noch einmal den Zünder, aber an anderer Stelle, was noch mal zwei Wochen bringt. Repariert drittens ein letztes Mal den Zünder, diesmal wieder an anderer Stelle. Und hat schon 700 Euro an der Uralt-Therme verdient, die mit den Teilen, die er eingebaut hat, vor allem mit dem letzten Teil, gar nicht kompatibel ist. Weswegen Salewski beim kichernden Großhändler prophylaktisch schon mal eine neue Therme bestellt. Wenn der Kunde dann völlig entnervt wieder anruft – und er wird anrufen – sagt Salewski, dass er wirklich alles versucht habe. Aber nun habe er leider keine Wahl mehr und müsse die Therme erneuern – was den Kunden noch einmal so viel kosten werde wie die bisherigen Reparaturen. Der Kunde tobt, aber weil er nicht mehr kalt duschen will willigt er schließlich ein. Vielleicht tobt der Kunde auch und ruft einen von Salewskis Konkurrenten an. Dieser wird am Telefon zuverlässig einen mindestens doppelt so teuren Preis nennen, denn jeden Freitag treffen sich im »Haus der 1000 Biere« alle Thermeninstallateure der Umgebung zum Stammtisch, um die anfallenden Reparaturen untereinander aufzuteilen. Ruft dann der Kunde irgendwann schließlich reumütig und heiser wieder bei Salewski an, hat dieser leider nur noch eine deutlich teurere Therme auf Lager. Zumindest behauptet er, es sei eine teurere Therme und er behauptet auch, er könne im Moment keine andere besorgen, denn im ganzen Land herrsche derzeit des ungewöhnlich kühlen Vorjahrs wegen ein Thermenengpass. Wenigstens ist Salewski gegen einen satten Zuschlag bereit, das Ding schon in sieben Tagen einzubauen.

Geht er ans Werk, wird auch klar, warum er den Beinamen Therminator führt. Salewski hält sich nicht groß damit auf, Abluftrohre in verschiedenen Längen mit sich herumzuschleppen. Wenn er irgendwo eine neue Therme installiert und das Standardrohr, das er dabei hat, nicht bis zum Schornstein- oder Abluftschacht reicht, macht er kurzen Prozess und stemmt ein Loch in die Wand. Sofern er dabei nicht den Badezimmerspiegel durchbohrt, ist das den meisten Mietern ziemlich egal, weil es in derlei Wohnungen der verrotteten Fenster wegen ohnehin überall zieht. Und weil er dabei auch die zuführende Gasleitung wieder ganz aufdreht, hat der Kunde danach ein, zwei Jahre Ruhe. Außer, es ereignet sich, aber dafür kann Salewski wirklich nichts, eines der schrecklichen, bedauernswerten Unglücke, die immer wieder passieren, wenn Gas im Spiel ist und irgendwo durch unprofessionelles Hantieren eines durchgeknallten Mieters ein Leck entstand. Bisher hatte Salewski aber stets Glück: Wenn es zur Explosion kam, war er schon weit weg.

UNSER RAT: Lassen Sie diesen Mann nicht in Ihre Wohnung. Und wenn Sie das wirklich müssen: Nehmen Sie gleich die neue Therme. Oder ziehen Sie um.

Die Diva vom Kundendienst

Mit Martin Kimmich ist es wie mit Timo Wurmfort: Der Kunde hat keine Wahl. Kimmich kommt vom Kundendienst, kümmert sich für einen großen Hersteller um defekte Spülmaschinen und andere lebenswichtige Geräte und da er nach zwei Entlassungswellen als einziger des ehemals fünfköpfigen Teams »Deutschland 2« übriggeblieben ist, versteht er sein Handwerk wirklich. Kimmich zuzusehen, wie er mit hochprofessionellen, fließend ineinander übergehenden Handgriffen innerhalb von einer Minute eine klappernde Spülmaschinenfront austauscht, ist, als dürfe man Zaungast sein bei einem Starchirurgen im Operationssaal. Entsprechend ist auch Kimmichs Erwartungshaltung. Bekommt er keinen Kaffee, Arabica, schwarz und ungesüßt, reicht man ihm nicht auf ein knappes Kommando eine weiße Porzellanschüssel zum Auffangen des Brackwassers, weigert man sich, ihm die Gummihandschuhe auszuziehen oder fragt man gar, ob er die alte Spülmaschinenfront nicht mitnehmen könne, wird Kimmich sickig. Dann lässt er seinen Diagnosecomputer Dinge diagnostizieren, die es gar nicht gibt, die aber weitere teure Besuche seinerseits erfordern. Dass Kimmich die nicht vorhandene Zeitdisziplin einer Diva hat, aber stinksauer ist, wenn man nicht fünfeinhalb Stunden auf ihn wartet, versteht sich. Außerdem hasst es Martin Kimmich, wenn während seines Einsatzes niemand neben oder hinter ihm steht, um seine Professionalität zu bewundern. In solchen Situationen fühlt er sich absolut nicht wertgeschätzt und arbeitet, als sei er ein ganz anderer Mensch, was ebenfalls weitere teure Besuche seinerseits nach sich zieht.

UNSER RAT: Servieren Sie ihm Pralinen und Käsegebäck zum Kaffee und plaudern Sie mit ihm über Formationstanz. Das ist Kimmichs heimliche Leidenschaft, der er jeden Sonntagnachmittag im Hinterzimmer eines Tanzcafés nachgeht. Und wollen Sie ganz sicher gehen, sollten Sie seine Arbeit nicht nur mit bewundernden Bemerkungen verfolgen, sondern zumindest zwei- bis dreimal in spontanen Applaus ausbrechen.

Der Schloss-Knacki

Eigentlich wäre es fast überflüssig, Bruno Fassbart hier zu erwähnen, denn Sie würden ihn niemals freiwillig anrufen. Aber es gibt klassische Situationen, da kommt man nicht umhin. Fassbart arbeitet für ein weitverzweigtes Unternehmen, das unter diversen Namen wie »AAAAA1-A-Schlüsseldienst« fungiert und sich mithilfe dieser Namen den ersten Platz in sämtlichen Auskünften und Branchenverzeichnissen sichert. Und wenn nicht den Ersten, dann den Zweiten oder Dritten. Was nichts ausmacht, denn wer bei einem der Namen auf den anderen beiden Plätzen anruft, landet wieder beim selben Unternehmen. So viel logistischer Aufwand lohnt sich, denn wer so bedauernswert war, seinen Wohnungsschlüssel zu verlieren, trägt fast niemals die Telefonnummer eines streng seriösen Schlüsseldienstes in der Gesäßtasche herum. Nein, nachdem er selber alles versucht, aber nur seine Fingernägel, seine Kreditkarte und den Schraubenzieher der netten Nachbarin abgebrochen hat, ruft er schlotternd bei der Auskunft an und lässt sich einen Schlüsseldienst geben. Bruno Fassbart, der daraufhin zu ihm entsandt wird – über sein einschlägiges Vorleben und seinen echten Namen müssen wir hier schweigen –, hat klare Direktiven vom Chef:

1. Zerstöre immer das Schloss, auch wenn du die Tür deines Opfers mühelos öffnen könntest.
2. Verkaufe deinem Opfer immer das teuerste Ersatzschloss.
3. Schlage, je nach Opfertyp und Situation, alle denkbaren und undenkbaren Zuschläge auf den Normalpreis auf – Mitleid wollen wir uns nicht leisten.

Man kann nicht behaupten, dass Fassbart ein Unmensch sei. Im Gegenteil, es schmerzt ihn sehr, das Schloss zu zerstören. Er liebt die filigrane Mechanik von Türschlössern, ihn fasziniert, wie die fast wie bei einem Uhrwerk beweglichen, auf den Bruchteil eines Millimeters exakt angepassten Metallteile ineinandergreifen. In seiner Freizeit übt er sich daran, Schlösser verschiedenster Typen und Sicherheitsstufen so behutsam zu öffnen, dass man sie danach wieder problemlos schließen kann. Diese sensible Kunst beherrscht er so gut, dass er bei den nationalen Wettbewerben im »Lockpicking« regelmäßig vordere Plätze belegt. Dummerweise kann Fassbart von den schmalen Preisgeldern nicht leben. Und obwohl er jede Menge verlockender Angebote erhält, sein Bewährungshelfer ist strikt dagegen.

Daher der Job beim Schlüsseldienst, an dem einen Mann mit Fassbarts Fähigkeiten nur eins nicht langweilt: die Psychologie der Opfer. Wie sie schüchtern fragen, ob man die Tür nicht öffnen könne, ohne das Schloss zu zerstören; natürlich könnte man. Wie sie, nachdem Fassbart so getan hat als höre er sie nicht, mit aufgerissenen Augen und tanzendem Adamsapfel zusehen, wie Fassbarts Bohrfräse sich in das Türschloss frisst, das jeder begabte Laie mit dem alten Kreditkartentrick öffnen könnte. Wie erleichtert sie sind, wieder in ihre schützende Wohnung zu kommen, wie verstört, wenn ihnen Fassbart sagt, dies sei erst die halbe Miete: ob sie denn nun tatsächlich bei offener Tür schlafen und ihre Kehle dem erstbesten Junkie auf Entzug und der Suche nach Bargeld unters Messer legen wollten? Und wie dann selbst gestandene Männer Fassbart um Hilfe bitten, nur weil es draußen dunkelt! Fassbart hat immer drei Schlösser dabei: Eins, das teuer ist, im Verhältnis zum Einkaufspreis sogar sehr. »Mit diesem Schloss halten Sie einen, der Ihr Geld oder Leben will, oder beides, zehn Sekunden auf – vielleicht auch nur fünf! Aber es ist Ihre Sache«, sagt er dazu. Niemand nimmt dieses Schloss. Alle nehmen das Zweite. Ein Schloss, das mordsteuer ist im Verhältnis zum Einkaufspreis. Aber längst nicht so holla-die-Waldfee-wahnsinnig-superhammerteuer wie das dritte Schloss, das Fassbart sehr effektiv zur Abschreckung einsetzt. Noch teurer, genauer gesagt: wahrhaft horrend sind dann die Arbeitskosten. Viele von Fassbarts Kunden sind der Ansicht, dass es sich bei seinem Wirken insgesamt eher um eine Art Erpressung handelt als um eine Dienstleistung, können aber nichts daran ändern (mehr dazu weiter hinten). Und weil er auf Barzahlung besteht, endet Fassbarts Besuch in der Regel damit, dass sein Opfer zum Geldautomaten hastet, während Fassbart auf die offene Wohnung aufpasst – der verführerischste Teil seines Jobs, muss er zugeben.

Ach, noch etwas: Fassbarts Kumpel Kalle Zweck ist Fernsehmechaniker und arbeitet beim »111AAAA-Fernseh-24-Stunden-Rund-um-die-Uhr-Notdienst«. Dort sind Preisgestaltung und Arbeitsweise noch ein wenig drastischer. »Wer seinen Fernseher so dringend braucht, dass er abends um neun einen Notdienst anruft«, pflegt Zweck zu sagen, »der lässt fast alles mit sich machen.«

UNSER RAT: Wir müssen Ihnen sicher nicht empfehlen, sich doch prophylaktisch Gedanken zu machen, wie Sie den Besuch des Mannes vom Schlüsseldienst von vornherein vermeiden können. Denken Sie also hier lieber einmal über etwas ganz anderes nach: Fällt Ihnen auf, dass Sie vier von neun hier vorgestellten Handwerkertypen auf Gedeih und Verderb ausgeliefert sind – gut, den anderen dann zwar auch, aber zumindest etwas später? Dass ein fünfter Typ offenbar ziemlich gaga ist? Und dass zwei bei der Preisgestaltung vor nahezu nichts zurückschrecken, nicht einmal vor mafiösen Absprachen? Wir wollen Sie nicht beunruhigen, aber wir können Ihnen nur empfehlen: Rufen Sie niemals einen Handwerker vorschnell an, nur weil es der einfachste Weg zu sein scheint …

Psychotipp:
Am ruhigsten schlafen Sie sicherlich, wenn Sie in der glücklichen Lage sind, einen Handwerker zu bekommen, der Ihnen von wohlmeinenden Menschen wenigstens einigermaßen empfohlen wurde. Untersuchungen zufolge profitiert man als Kunde einer solchen Situation sogar doppelt, denn man stellt längst nicht so viel infrage – und bemerkt also auch lange nicht so viele Mängel.

Besser als die Polizei erlaubt

Warum Schwarzarbeiter oft einen guten Job machen

Robert kommt aus Polen, war vor längerer Zeit mal Bibliothekar und betreibt in Deutschland nach einem Ausflug ins Schlachtgewerbe nun einen florierenden Handwerksbetrieb, der nach dem modernen Zellensystem aufgebaut ist, nach dem auch viele Werbeagenturen arbeiten: Er verfügt über ein großes Netzwerk von freien, ebenfalls polnisch sprechenden Mitarbeitern – Dachdekker, Spengler, Maurer, Installateure, Zimmerer, Tischler und Fliesenleger –, die er je nach Auftragslage und Bedarf anheuert. Die Kernfirma ist dagegen sehr klein, sie besteht nur aus Robert selber und juristisch nicht einmal das: Robert schreibt keine Rechnungen, trifft keine schriftlichen Absprachen und bekommt das Geld für seine Dienstleistungen bar auf die Hand. Trotzdem kann sich Roberts Schwarzarbeitsunternehmen vor Nachfrage kaum retten. Das liegt nicht nur an den günstigeren Preisen und daran, dass Robert sowie seine Mitarbeiter über gute Umgangsformen verfügen und jede Wohnung so sauber verlassen, wie sie sie angetroffen haben (falls die Wohnung beim Eintreffen ungewöhnlich unsauber war, schickt Robert auf eigene Rechnung ein paar Putzkräfte aus seinem Pool durch). Es liegt vor allem daran, dass Robert für sein Unternehmen weder verlockende Anzeigen schalten noch Telefonbucheinträge vornehmen kann, sondern ausschließlich auf Mundpropaganda angewiesen ist. Und wer würde jemanden im Freundeskreis weiterempfehlen, der schlecht arbeitet?

Robert arbeitet also ziemlich gut, egal ob es um das Befestigen einiger Regalbretter geht oder um den Bau eines kompletten Hauses. Sogar an einem Berliner Regierungsgebäude war seine Mannschaft schon beteiligt; übrigens das einzige Regierungsgebäude, an dem sich alle Dachfenster öffnen lassen, es keine Fassaden- und Wasserschäden gibt und keine verzogene oder abgesenkte Seitenwand. Trotzdem wäre Roberts schwarze Firma schon fast aufgeflogen, nämlich als legalen Handwerkern, die zufälligerweise in einer Nachbarwohnung ebenfalls Fliesen verlegten, auffiel, dass die Kollegen nebenan viel zu früh kamen, viel zu spät gingen und viel zu wenige Rauchpausen machten.

Aufgrund dieser Erfahrung führte Robert für seine Leute verpflichtende Zwangspausen ein, während denen die meisten allerdings stier auf einem Stuhl sitzen und mit den Fingern auf die Tischplatte trommeln oder moderne polnische Lyrik schreiben.

Legale Handwerksfirmen, fällt Robert auf, machen ihm trotz der steuerlichen Absetzbarkeit von Handwerkerrechnungen übrigens zunehmend Konkurrenz, oder vielmehr: Sie versuchen es. Beispielsweise rücken die Männer des geldbedürftigen Malerbetriebs Kerzig auch nach 13 Uhr am Freitag und 15 Uhr am Werktag mit ihren Firmenwagen aus; dann allerdings schreiben auch sie keine Rechnungen. Allerdings haben Kerzigs Leute eine vielfach geringere Weitervermittlungsquote als Robert: Denn auch wenn sie schwarzarbeiten, sie arbeiten so schludrig wie immer.[11]

Wo im Internet der Hammer hängt

Der Mann, der sich Funz nannte

Wir haben recherchiert, ob es nicht für Handwerkerbedürftige viel lohnender ist, den passenden Experten einfach zum geringstmöglichen Preis im Internet zu ersteigern und so die Abhängigkeit des Verbrauchers vom gemeinen Handwerker kurzerhand umzukehren. Anfangs eine scheinbar großartige Idee. Bis wir in einem der einschlägigen Handwerkerportale auf ein mysteriöses Phänomen stießen, allerdings auf Kundenseite: Dort gab es auffällig viele nach eigenem Bekunden »handwerklich völlig unbegabte, aber wohlhabende Erben«, die jemanden suchten, der ihre Garagenzufahrt neu pflastern oder eine Küchenlampe blitzschlagsicher aufhängen könne – »Geld spielt keine Rolle«. Mehr noch, bei näherem Hinsehen gaben alle ein- und dieselbe Anschrift an: Wiesenallee 234 in Gelbenbock-Prümme, Harz. Wir fuhren hin, aber an der angegebenen Anschrift befand sich nichts. Nicht

11 Hartmut Kerzig versuchte dies im Bekanntenkreis mehrfach damit zu erklären, dass er Leuten, die so unmoralisch seien, Schwarzarbeiter zu beschäftigen, vorsätzlich schaden wolle, erntete aber vor allem bei Menschen, die ihn näher kannten, stets schallendes Gelächter.

mal ein Gartenhaus. Ja, es gab nicht einmal die Anschrift. Intensivere Recherchen brachten uns schließlich auf die Spur von Marco Funz. Funz, beziehungsweise der Mann, der sich Funz nannte, erklärte sich zu einem Interview bereit und versprach, Sensationelles über Handwerkerportale im Internet auszuplaudern:

WIR: Herr Funz, Sie sind unter diversen Namen aufgetreten …
FUNZ: Ich bereue nichts!
WIR: Sie haben Aufträge an alle möglichen Handwerker vergeben, von Maurern über Trockenbauer und Stuckateuren bis hin zu Malern, Fliesenlegern, Installateuren und einem Fleischer …
FUNZ: Ein Fleischer? Sind Sie sicher? FLEISCHER?
WIR (lesen vor): Zweihundert Paar Wiener Würstchen. 200 Buletten. 30 Kilogramm Leberkäse. 25 gemischte Schlachtplatten …
FUNZ: Sorry, das mit dem Fleischer das war ein Versehen, ich hatte einfach Hunger. Aber zu dem anderen stehe ich absolut. Ich hasse Handwerker. Sie haben mir alles kaputtgemacht. Mein Haus, mein Auto, meine Ehe …
WIR: Immer der Reihe nach bitte. Sie haben all diese Handwerker in den Harz gelockt, an eine fiktive Anschrift, in einen Ort namens Gelbenbock-Prümme.
FUNZ: Ich muss gestehen, mir gefällt der Name immer noch gut. Besser als Grimassenweg 23z in Kasparshausen oder Hobelplatz 23-65 in Trötenhamm. Obwohl, Dämelstraße 444 in Trotteldorf-Obermitte bei Pupshausen war auch nicht schlecht.
WIR: Sie haben Handwerker noch an andere Adressen bestellt?

FUNZ: Nichtskönner, Faulköpfe! Leute, die das absolut verdient haben. Und die, die ich zu all den anderen fiktiven Anschriften geschickt habe, bei denen war es genauso!
WIR: Herr Funz, Sie wollen jetzt aber nicht etwa sagen, dass …
FUNZ: Darf es denn immer nur umgekehrt sein? Dürfen denn immer nur die Handwerker ihre Kunden übers Ohr hauen – mit schlechter Arbeit, mit überhöhten Rechnungen, mit Terminen, zu denen kein Schwein erscheint? Wird es nicht Zeit, dass da mal ein mutiger Kunde aufsteht? Wenigstens einer?
WIR: Hm …
FUNZ: Als ich den sechsten Typen von diesem Handwerkerportal bei mir hatte, der versprach, mein Haus streng nach Energieeinsparverordnung wärmezudämmen, und beim ersten großen Regen wurden dann die Wände in Wohn-, Ess- und Schlafzimmer von innen nass, da war bei mir Schicht im Schacht. Und als dann auch noch meine Frau sich scheiden ließ, weil ich – ICH!!! – mithilfe dieser Irren alles kaputtgemacht hätte, da habe ich gesagt: Mit mir nicht mehr! Niemals mehr!
WIR: Sie haben falsche Namen angegeben und haben Handwerker nicht existente Aufträge ersteigern lassen.
FUNZ: Um es klar zu sagen: Ich habe denen gezeigt, wo der Hammer hängt. Ich habe sie mit immer größeren, angeblich immer lukrativeren Aufträgen von einem fiktiven Ort zum anderen gehetzt. Mein Schönstes, das waren die 27 Dachdecker, die ich zwecks Ab- und Neueindeckung alle zur gleichen Zeit bei einem Einfamilienhaus in Quickborn vorbeischickte. Das gab es übrigens wirklich; es gehörte dem elenden Versager mit den Dämmplatten …
WIR: Beeindruckend. Aber wenn jeder das so machen würde …

FUNZ: Es gibt nicht so viele Auftraggeber im Internet. Wer ist denn so blöde und sucht Handwerker nur nach dem Preis aus? Manchmal denke ich, ich schmeiße die ganzen Portale fast alleine. Damit es nicht so langweilig ist, gebe ich mich ab und zu auch selber als Elektriker oder Brunnenbauer aus.
WIR: Nein! Sie tun so …
FUNZ: Sicher!
WIR: Und – bekamen Sie schon Aufträge?
FUNZ: Jede Menge, nur meistens von mir selber. Und einmal, da war ich etwas unkonzentriert, da habe ich mich tatsächlich selbst nach Gelbenbock-Prümme geschickt.

Im Baumarkt hört dich niemand schreien

Von den wahren Tücken des Do-it-yourself

Vielleicht spielen Sie nun doch noch einmal mit dem Gedanken, Ihr Heil im Selbermachen zu suchen. Wie gesagt: Sofern Sie weder Verletzungen noch Beziehungskräche fürchten, und erst recht nicht Ihre eigenen Wutanfälle, ist dies theoretisch nach wie vor ein attraktiver Weg. Fachbücher, Heimwerkersendungen und Do-it-yourself-Seiten im Internet bringen heute selbst dem unerfahrensten Laien nicht nur bei, wie man Glühlampen einschraubt, den Fernsehapparat repariert oder einen Carport selber baut, sie machen auch Schluss mit vielen Mythen, an denen Handwerker noch immer prächtig verdienen: Möchten Sie etwa neue Fliesen im Bad, heißt das nicht unbedingt, dass ein Fliesenleger alle alten Fliesen samt Wasch- und

Toilettenbecken herausreißen und Ihre gesamte Wohnung wochenlang in Schutt und Staub legen muss[12]: Es gibt seit einiger Zeit schöne neue Fliesen, die sich mit einem Spezialkleber aus dem Baumarkt einfach über die alten kleben lassen. Ihre herausgebrochene Schranktür lässt sich ganz ohne Schreiner mit Reparaturknete aus dem Baumarkt bombenfest wieder einsetzen. Und wenn Sie die Stehlampe in der Wohnzimmerecke künftig schon von der Tür aus einschalten wollen, müssen Sie auch keinen Elektriker mehr bemühen: Im Baumarkt gibt es Steckdosen mit Funkfernsteuerung.

Sie ahnen schon, dass jeder Baumarkt für jeden Handwerker mehr als ein rotes Tuch, ja, eine Bedrohung darstellt. Kein Wunder, dass die Vertreter des ehrbaren Handwerks alles tun, um Kunden gegenüber derart einfache Lösungen zu verschweigen. Dass sie, zur Hilfe gerufen von unglücklichen Do-it-yourself-Laien, die kühn, aber vergeblich versuchten, ein Bild im Wohnzimmer aufzuhängen und dabei erst die Stromleitung und dann ein Fenster trafen, zwecks Abschreckung stets das Doppelte bis Dreifache des Rechnungshöchstsatzes verhängen.

Doch die Aufzeichnungen eines gewissen Robert Dauernoch legen viel, viel weitergehende Aktivitäten von Handwerkern gegenüber Baumarktkunden nahe …

---

[12] Exakt diese Befürchtung existenziellen Chaos ist bis heute der Grund, dass viele Menschen in Deutschland lieber 40 Jahre lang mit potthässlichen Fliesen in Küche und Bad leben oder potthässliche Fliesen mit noch hässlicheren Comic-Aufklebern überkleben, als sich an eine Badrenovierung zu wagen. Nicht ohne Grund kümmern Haus- und Wohnungsbesitzer sich in ihrem Leben im Schnitt nur ein einziges Mal um ein neues Bad, und ebenfalls nicht ohne Grund rangiert ein neues Bad für viele Hausfrauen auf der Wunschliste des Unerreichbaren noch vor einer Affäre mit George Clooney und einem Traumschiff-Urlaub.

Allein unter Blaukitteln

01.04.
Unser Sohn Max kann schon die ersten Schritte machen; höchste Zeit, etwas zu tun, damit er nicht die Treppe hochkrabbelt und stürzt. Habe bei eBay ein Treppenschutzgitter ersteigert – ein echtes Schnäppchen!

04.04.
Heute kam das Treppenschutzgitter an. Es sieht noch schöner aus als auf den Fotos, Buche natur, und es passt auch genau vor die Treppe. Man muss es nur, vermutlich der Grund, warum es so günstig war, mit sechs Bohrungen in der Wand verankern, statt es einfach in eine Öffnung zu klemmen. Meine Frau Sabrina fragte, ob ich dafür nicht einen Fachmann holen wolle. Absurd, ich werfe doch unser Geld nicht aus dem Fenster, Geld, das ich für Maxens Medizinstudium sparen werde. Und wofür haben wir unsere Bohrmaschine?

05.04.
Habe im Keller gewühlt, bis ich einen Asthmaanfall bekam, aber konnte die Bohrer für die Bohrmaschine nicht finden. Samstag fahre ich zum Baumarkt und kaufe neue.

08.04.
Im Baumarkt gibt es so viel, dass man das, was man braucht, nicht findet. Auch keinen Verkäufer. Erst als ich erschöpft auf ein Toilettenbecken sank, tauchte ein Mann im blauen Kittel und mit Bürstenschnitt auf und fragte, ob er helfen könne. Nachdem ich erzählt hatte, um was es ging, fragte er, ob ich mal daran gedacht hätte, die Arbeiten von einem Fachmann, zum Beispiel einem Schreiner, ausführen zu las-

sen. Ich sagte, ich sei hier, weil ich eben keinen von diesen angeblichen Fachleuten wolle. Er führte mich zu einer Wand mit Tausenden von Bohrern und drückte mir zielsicher das Set in die Hand, das ich brauchte. Ich bezahlte 9,99 Euro, lachhaft wenig im Vergleich zu dem, was allein eine Handwerkerstunde kostet.

10.04.
Beim Bohren merkte ich, dass mit der Wand etwas nicht stimmt: Der Neuner-Bohrkopf ging nicht rein. Als ich es mit etwas mehr Druck versuchte, brach er ab. Ich versuchte es mit dem Achter-Kopf. Dasselbe. Sabrina sah sich währenddessen die Verpackung der Bohrer an und stellte fest, dass es sich bei den Bohrern, die ich gekauft hatte, um Spezialbohrer für kunstgewerbliche Weichholzarbeiten handelte. Sie bat mich eindringlich, in Anwesenheit von Max nicht zu fluchen.

11.04.
Fand im Baumarkt die Wand mit den Bohrern nicht mehr, traf aber relativ schnell einen älteren Mitarbeiter im blauen Kittel. Als ich ihm erzählte, was mir passiert war, fragte er, ob ich nicht doch sicherheitshalber einen Fachmann hinzuziehen wolle. Ich ignorierte die dumme Frage und bat um die richtigen Bohrer. Erst als ich zu Hause war, merkte ich, dass er mir ein Set Betonbohrer in die Hand gedrückt hatte.

12.04.
Fand im Baumarkt nach langem Suchen die Bohrer-Wand. Davor stand ein sehr hilfsbereiter Blaukittel. Ich überzeugte mich sehr gründlich, dass die Bohrer, die er mir als Stein-

wandbohrer reichte, tatsächlich Steinwandbohrer waren. Bevor ich ging, fiel ihm noch ein, dass es ein gleich gutes Konkurrenzprodukt gerade im Sonderangebot gab, nämlich für etwa ein Viertel des Geldes. Gut, dass es auch noch nette Verkäufer gibt!

13.04.
Mit den neuen Bohrern ging es gut, ehrlich gesagt zu gut: Im Nu hatte ich ein faustgroßes statt eines Neun-Milimeter-Lochs. Das zweite Loch wurde fast so groß wie Maxens Kopf, und für die restlichen vier Bohrlöcher gab es dann kein intaktes Wandstück mehr. Sabrina fragte blass, ob ich wahnsinnig sei. Ich rief, nein, und dass ich die Hände beim Bohren völlig ruhiggehalten hätte. Sabrina verdrehte die Augen und griff nach der Packung mit den Bohrern. »Abrissbohrer«, las sie mit hochgezogenen Brauen und wiederholte ihre Frage, ob ich wahnsinnig sei. Sobald Max im Bett war, schimpfte und fluchte ich auf den verdammten Baumarkt, so sehr ich konnte. Sabrina sagte, sie habe von Anfang an gesagt, dass ich lieber einen Handwerker holen solle. Ich schrie, Handwerker seien viel schlimmer als ich. Max wachte auf und schrie.

16.04.
Im Baumarkt konfrontierte ich den ersten Blaukittel, den ich traf, mit meiner Geschichte und damit, wie wütend ich sei. Der Blaumann fragte, warum ich denn einen professionellen Abrissbohrer genommen hätte. Ich wurde noch wütender und bot an, die verheerende Wirkung dieses Abrissbohrers an der Technikwand zu demonstrieren. Der Blaumann bat, ich möge mich beruhigen: ob ich die Angelegenheit, die mich offenbar nervlich sehr mitnehme, nicht lieber einem

verlässlichen Fachmann übergeben wolle, er habe einige gute Adressen zur Hand. Nein, rief ich, er solle sich lieber etwas einfallen lassen, das die Löcher in der Wand wieder unsichtbar mache. Da gebe es genau das Richtige, lächelte der Mann, hochmodernen Nano-Fotozellenpartikel-Schnellzement, der nicht nur die Löcher stopfe, sondern auch seine Farbe der umliegenden Wandfarbe anpasse. »Drücken Sie die Dübel beim Aushärten einfach an der richtigen Stelle in den Zement«, sagte der Blaukittel, »Sie brauchen nicht zu streichen und werden trotzdem keine Spur von den Löchern mehr sehen – es ist fantastisch!«

18.04.
Ich rührte den Nano-Fotozellenpartikel-Schnellzement genau nach Vorschrift an und strich ihn in die Löcher. Er stopfte nicht, sondern floss als zäher Schlamm die Wand herunter in Richtung Fußboden. Ich raste ins Bad und griff ein paar Handtücher, um den Zement aufzufangen, bevor er unseren teuren Parkettboden erreichte. Ich hätte es auch fast geschafft, aber auf dem Rückweg trat ich auf Max' Aufziehauto, stürzte und riss unsere antike Standuhr um. Als ich humpelnd wieder hochkam, quoll der Schnellzement schon über den Boden. Zu allem Überfluss hatte er eine blutrote Farbe angenommen, statt mildgelb wie unsere Wand zu werden. Sabrina, die eben mit Max heimkam, bekam einen furchtbaren Schreianfall. Worauf unsere Nachbarn herbeistürzten, Handyfotos schossen und davonrannten, um die Polizei zu informieren, dass bei uns ein Familiendrama stattfinde.

19.04.
Zu allem bereit betrat ich im Baumarkt das Büro des Marktleiters und eröffnete das Gespräch mit der Frage, ob bei ihm

denn jeder Idiot einen blauen Kittel anziehen und Kunden beraten dürfe. Er sagte, er wisse nicht, was ich wolle, seine Mitarbeiter trügen rote Kittel, keine blauen. »Und die blauen Kittel?«, brüllte ich, »wer trägt die blauen Kittel?« Er zuckte die Achseln und sagte, dass es sich höchstens um Handwerker handeln könne, die hier seien, um einzukaufen – warum ich denn so aufgeregt sei?

25.04.
Auf das Ultimatum von Sabrina hin habe ich einen Tischler und einen Parkettleger bestellt. Der Tischler, ein Mann im blauen Kittel und mit Bürstenschnitt, der drei Stunden zu spät erschien kam mir bekannt vor. »Klar«, grinste er. »Wir kennen uns aus dem Baumarkt …«

UNSER RAT: Wir möchten nicht behaupten, dass das hier Stehende repräsentativ ist. Wenn Sie sich also selber geschickt und fit genug fühlen und diesen Dauernoch für einen ziemlich trotteligen Typen halten, dann legen Sie los. Sie werden sich eventuell viel Ärger ersparen – zumindest mit Handwerkern in Ihrer Wohnung.

Psychotipp:
Bevor Sie das wirklich tun, denken Sie doch noch einmal darüber nach, warum Sie lieber dieses Buch lesen, statt einen Do-it-yourself-Kurs zu belegen.

3.

Wie Sie Handwerkern klipp und klar machen, was Sie wollen

Vielleicht werden Sie bei der Überschrift die Nase gerümpft und sich gefragt haben: Was soll das? Eine Frau/ein Mann wie ich, die/der obendrein auf etliche anspruchsvolle Jahre im Beruf zurückblicken kann, soll nicht in der Lage sein, jemand anderem klar zu machen, um was es geht? Lassen Sie uns mit dem Lieblings-Partyspruch vieler Kommunikationswissenschaftler antworten: »Das Missverständnis ist die häufigste Form menschlicher Kommunikation.«

Eine der häufigsten Ursachen für Missverständnisse ist die Tatsache, dass die Beteiligten auf völlig unterschiedlichen Ebenen sprechen. Bei Männern und Frauen etwa kommt es selbst nach jahrzehntelanger Partnerschaft sehr oft vor, dass der Mann auf der »Sachebene« kommuniziert, die Frau aber auf der »Appellebene« – eine Kombination, die die Beteiligten in größte, auf Dauer scheinbar unlösbare Konflikte stürzen kann: Er sagt etwa: »Der Kuchen ist gut!« – und meint nichts weiter als das. Sie aber denkt hocherfreut, er habe

sagen wollen: »Ich möchte noch ein Stück!« – und häuft ihm ein zweites auf den Teller. Zu seinem Entsetzen, denn er muss abnehmen, weil kommende Woche sein alter Chef beerdigt wird und er bis dahin in seinen schwarzen Anzug passen muss.
Oder sie sagt hustend: »Es ist kalt hier!« und hofft inständig, dass er versteht und endlich das Küchenfenster schließt. Er aber, Kälte liebend, denkt, sie habe eine völlig wertfreie Feststellung über die Temperatur getroffen. Also nickt er, liest weiter ungerührt die vereisende Zeitung. Und wundert sich, dass sie wenig später aufspringt und seltsame Dinge tut – etwa, die Zeitung kreischend mit heißem Tee zu übergießen.

Noch weitaus konfliktträchtiger ist die Kommunikation mit Handwerkern. Letztere, will der Nürnberger Konfliktkommunikationswissenschaftler Hans-Bernd Bröselmann herausgefunden haben, kommunizieren ebenfalls auf einer völlig eigenen, der »Holzhammer- und Zangenebene«. Was selbst sachebenengestählte Männer vor ungeahnte Herausforderungen stellen kann, von appellebenengewohnten Frauen ganz zu schweigen. Oder hätten Sie sich vorgestellt, dass Ihre Bitte, am Donnerstag gegen Abend zu kommen, nach sich ziehen kann, dass die Herren um 15.00 bei Ihnen auf der Matte stehen? Dass Ihr Wunsch, der Verflieser möge zu den schiefergrauen Bodenfliesen unbedingt die »passende« Fugenfarbe wählen, damit enden kann, dass er den lila Fugenkitt wählt – zugegeben einen Fehlkauf, den er aber »passenderweise« (denn kein Kunde wollte das hässliche Zeug bisher) bei sich im Auto herumfährt? Dass Ihnen der Tischler ungerührt eine 30 Zentimeter zu kurze Wohnzimmertür einsetzt und, wenn Sie nach Luft schnappend fragen, was Sie mit einer solchen Lücke sollen, anbietet,

die Tür 15 Zentimeter weiter nach unten zu setzen, damit auch oben eine Lücke ist?[13]
Sie sehen schon – Ausnahmen wie der Könner Andreas Stillmeier, der aber niemals bei Ihnen auftauchen wird, bestätigen natürlich die Regel – dass es im Zusammenhang mit handwerklicher Arbeit keinen Sinn hat, generell von Begriffen wie »Vernunft«, »gesunder Menschenverstand« oder gar »das weiß doch jeder« auszugehen. Denn darüber hinaus, gerade das verstehen viele nicht, die selber sogenannte neigungsorientierte, Traum- oder Wunschberufe ausüben, ist vielen Handwerkern eine gewisse Liebe zu ihrem Job und dessen Inhalten völlig fremd. Die Ursachen dafür liegen allzu oft in Kindheit und Jugend. Werner Warm etwa wusste mit 17 nach der Schule überhaupt nicht, was er machen sollte. Der Vater war zwar Elektriker, der Onkel, auch der Großvater war Elektriker gewesen, bis er eines feuchtfröhlichen Abends beim Anschließen einer Strom führenden Leitung an ein Wasserklosett hochdramatisch verschied. Und Werner selber hatte immerhin schon erfolgreich zwei Goldhamsterkäfige komplett elektrifiziert – doch all das war für ihn kein zwingender Grund, ganz im Gegenteil. Bis am Morgen nach der Realschulabschlussfeier sein Vater um halb sechs seine Zimmertür aufriss, in der Hand einen aus Kostengründen zu klein gekauften Blaumann, und ihn aufforderte, herunter in die

---

[13] Der Vereinigung früh- und dauerpensionierter Kriminalbeamter erschienen die von Bröselmann beschriebenen Kommunikationsprobleme so bedeutsam, dass sie anregte, sämtliche ungeklärte Todesfälle mit Handwerkern der letzten 30 Jahre auf motivliefernde Dialoge mit Kunden in den letzten Stunden oder Minuten vor dem Ableben zu überprüfen. »Und dann«, so Vereinigungspräsident Andi Schmitt-Schäller, »sollten wir diese Untersuchungen auch auf die ungeklärten Todesfälle von Personen ausdehnen, die kurz vorher ihrerseits in Kontakt mit Handwerkern standen – es ist nicht auszuschließen, dass sich ein paar dieser Kerle auch noch erfolgreich gewehrt haben!«

kalte Elektrowerkstatt zu kommen und dort fortan sein Brot zu verdienen. Es folgten harte Lehrjahre, in denen Werner 37 Stromschläge überlebte, bis er Strom führende von neutralen Kabeln unterscheiden konnte und endlich ahnte, warum seine Hamster so früh dahingeschieden waren. Lehrjahre, in denen kichernde Gesellen ihn zwangen, solange mit Strom führenden Kabeln Seil zu springen, bis er die Widerstände sämtlicher elektrischer Standardbauteile endlich fehlerfrei benennen konnte.
Einige Zeit plante Werner, zu fliehen und eine Lehre als Bäcker zu beginnen, ein Plan, den er verwarf, als er erfuhr, wann Bäckerlehrlinge aufstehen. Er wurde jedoch ständig von dem Gedanken gequält, seinen Vater zu töten und seine Mutter zu heiraten, was aber daran scheiterte, dass seine Mutter längst an einem defekten Toaster zugrunde gegangen war.

Und so verfiel Werner Warm irgendwann darauf, wenigstens der Arbeit zu entfliehen. Zum einen körperlich – indem er die Pausen stark ausdehnte. Zum anderen geistig. Denn nachdem er die Grundlagen des Elektrohandwerks derart schmerzhaft verinnerlicht hatte, war er heilfroh, fortan bei der Ausübung seines Berufs nicht mehr groß nachdenken zu müssen. Zumal die meisten Kunden erstaunlich wenig Ahnung von der Materie besitzen, dafür aber jede Menge dümmliche Vertrauensseligkeit. Wie diese alte, halbblinde, schwerreiche Villenbesitzerin, die der väterlichen Firma den Auftrag erteilte, die Elektroleitungen im gesamten Haus sorgfältig zu erneuern – eine Aufgabe, der Warm senior, er benötigte damals ein neues Auto, äußerst sorgfältig nachkam. So sorgfältig, dass nach dem Tod der alten Dame ihre ungläubigen Erben allein im Wohnzimmer 72 Lichtschalter, 128 Doppelsteckdosen, 36 Deckenlampenanschlüsse und vier voneinander unabhängige Stromkreisläufe (davon zwei über Putz verlegt) vorfanden. Da die Firma Warm auch Garage, Keller, Gartenhaus, Briefkasten und Hundehütte ähnlich verschwenderisch elektrifiziert hatte, brachte der Auftrag schließlich selbst noch Sohn Werner einen nagelneuen Golf ein – letztlich der Grund, warum der sich trotz der tragischen Vorgeschichte bis heute mit dem ungeliebten Elektrohandwerk abgefunden hat. Und sich, statt am Vater, mittlerweile viel lieber an den Kunden rächt.

Wir müssen davon ausgehen, dass viele Handwerker ähnlich prägende Sozialisationserfahrungen gemacht haben. Bei ihren Kumpels dagegen leisten Werner Warm und Co. stets einwandfreie Arbeit, und geht es um sie selber, sind sie wahre Künstler: Warms Wochenendhaus bei Sierksdorf an der Ostsee ist ein Traum, ein Passivhaus mit durchdachtem, hochenergiesparendem Wasser-, Heizungs- und Beleuchtungskonzept auf der Basis regenerativer Energien, das selbst im Winter noch genügend selbst erzeugten Strom übrig hat, um die Außenterrasse und sämtliche Gartenwege rund um die Uhr zu beleuchten und zu beheizen und den bei Annäherung Fremder obszön grimassierenden elektrischen Gartenzwerg in Betrieb zu halten.

Schade also, dass Warms Kunden nie erfahren werden, wozu er theoretisch (zugegeben, mit viel fachkundiger Hilfe) fähig ist. Denn bei allen anderen, also bei Ihnen, legen Warm und Konsorten selbstverständlich ganz andere Kriterien an. Deshalb, selbst wenn Ihnen dabei mal ein Elektriker, Tischler oder Klempner gegenübersteht, der sich nicht explizit an Ihnen rächen will, sondern bloß auf seinen Vorteil bedacht ist: Es ist immens wichtig, dass Sie sich nicht für dumm verkaufen lassen und von Anfang an klare Fakten schaffen.

Klare Fakten schaffen

Wer im ersten Gespräch schwächelt, hat schon verloren

Dafür sorgen Sie idealerweise gleich bei der Vorbesprechung. Dann, wenn der Handwerker Ihrer Wahl vorbeikommt und seine künftige Arbeit in Augenschein nimmt. Natürlich, ein Waschmaschinenmonteur oder ein von der Hausverwaltung entsandter Allrounddilettant werden keine derartigen Vorbesprechungen benötigen, sie kommen sofort zur Sache, jedenfalls so lange, bis sie merken, dass sie ausgerechnet heute ihren Kreuzschraubenzieher nicht dabei und leider auch die Zange vergessen haben. Ansonsten sind gerade bei umfangreicheren Arbeiten Vorbesprechungen für beide Seiten sinnvoll: Danach kann Ihr künftiger Tischler, Klempner oder Maler Ihre Opferqualitäten einigermaßen realistisch einschätzen. Sie dagegen haben hoffentlich – wir wiederholen uns – klare Fakten geschaffen. Und das, obwohl der Termin sicher sehr angenehm verlaufen wird, weil er wahrscheinlich der erste und letzte Termin ist, zu dem besagter Dienstleister einigermaßen pünktlich und zudem gutgelaunt erscheint, um seine Vorstellung abzuziehen. Denn ein Handwerker mag kein professioneller Schauspieler sein, aber Theater spielt er häufig. In diesem Fall, bis klar ist, ob er den Auftrag bekommt – und welchen Auftrag. Denn kann ja sein, dass Sie einfach nur möchten, dass jemand Ihr Treppenhaus weißelt. Der Maler möchte aber am liebsten Ihr ganzes Haus innen und außen streichen. Und den Gartenzaun. Alle Bäume. Und am liebsten noch die Radkappen Ihres Autos. Und er ist gut vorbereitet: Längst bieten Seminaranbieter Handwerkern Intensivtrainings zur Kundenbehandlung an. In Rollenspielen mit ausgebufften ehemaligen

An-der-Haustür-Verkäufern, lernen sie, wie man scheinbar harmlose Kundengespräche mit arglosem Gesicht so führt, dass am Ende zwischen 70 und 90 Prozent der Kunden größere Aufträge vergeben als geplant. Wollen Sie darauf nicht reinfallen, bleibt Ihnen erst mal nur eins, auch wenn das nicht Ihr persönlicher Stil ist: Bleiben Sie beharrlich, fast schon stur, bei dem, was Sie wollen. Etwa so:

Kerzigs Waterloo

Draußen scheint die Sonne. Die Vögel singen. Und exakt drei Minuten nach der Zeit tritt auf – das macht er beim ersten Termin immer so –, Hartmut Kerzig, den geblümten Künstlerschal lässig über einem weißen weiten Hemd, was wunderbar zu dem leichten Kinnbart passt, den er sich stehen lässt.

SIE: Kommen Sie herein, schön, dass Sie pünktlich sind!
KERZIG: Aber natürlich. Wissen Sie, ich komme direkt von einem Termin beim Bürgermeister, aber wie sagt man: Pünktlichkeit ist, hahaha, die Höflichkeit der Könige …
SIE: Hahaha!
KERZIG (sich umsehend): Wo ist das Objekt?

SIE führen ihn ins Treppenhaus. Auf dem Weg dorthin registriert KERZIG, dass Sie nicht schlecht eingerichtet sind. Dass am Schlüsselbrett neben Ihrer Tür zwei Paar Autoschlüssel für Wagen der oberen Mittelklasse hängen, hat er bereits bei den ersten Begrüßungsworten registriert. Ebenso natürlich, dass Ihr Einfamilienhaus zwar nicht übermäßig groß ist, aber in ordentlicher Wohnlage liegt und gepflegt wirkt.

SIE: Hier, es geht um das Treppenhaus. Es muss dringend neu gestrichen werden.
KERZIG (beide Arme nach oben reckend und sich, den Blick nach oben, um die eigene Achse drehend als besichtige er die Sixtinische Kapelle): Ein wunderbarer lichtdurchfluteter Raum! Ein Saal, nein, eine Kathedrale! Wenn die Treppe nicht wäre, ideal geeignet für ein Atelier. Aber auch mit Treppe ein ganz besonderer Raum!
SIE: Wenn Sie meinen. Es ist nur ein Treppenhaus und nicht sehr hell …
KERZIG: Nicht sehr hell? Ich bitte Sie! Und wenn Ihnen das nicht hell genug ist; ich kenne einen fähigen Maurer, der Ihnen eins, zwei, drei noch zwei oder drei Fenster hier einsetzt. Ist gar nicht teuer …
SIE: Danke, nicht nötig.
KERZIG: Wissen Sie, ich verschönere zurzeit nicht nur den Rathaussaal, ich male gegenstandslose Kunst und stelle auch aus. Um es so zu sagen: Ich habe sehr viel Ahnung. Und ich muss Ihnen sagen: Ich habe wenig Zeit, aber bei diesem Raum juckt es mich sehr in den Fingern. Haben Sie mal über ein Deckenfresko nachgedacht? Oder ein bisschen moderne Lüftlmalerei? Es gibt auch viel zeitgemäßere Möglichkeiten, gewissermaßen in der Tradition von Beuys, mit dem ich früher viel zusammengearbeitet habe …
KERZIG hebt nun in andere Sphären ab, um SIE zu beeindrucken. Vor allem rechnet er damit, dass Sie nach Nennung des Namen Beuys in Ehrfurcht erstarren. Er kann ja nicht wissen, dass Sie aus Hamburg kommen und durch die dort zwangsläufig häufige Nennung des Namens Beust schon so abgehärtet sind, dass Sie ein Name mit phonetischer Ähnlichkeit eher schaudern lässt.

So können SIE sich darauf konzentrieren, den Höhenflug des Hartmut Kerzig zu stoppen. Zu widersprechen. Und selbst wenn Sie sonst ein höflicher, zurückhaltender Zeitgenosse sind, wovon wir selbstverständlich ausgehen, Sie müssen dies nun in einer Art tun, die unmissverständlich zu verstehen gibt, dass Sie nicht nur einen schüchternen Vorschlag machen.[14] Bloß kein »vielleicht«, »könnte«, »wäre es nicht gut«, derlei Zwischentöne sind für einen Handwerker, selbst wenn er sich so künstlerisch wie Kerzig gibt, ein Ausweis von Schwäche. Und schon haben Sie die Lüftlmalerei im Treppenhaus und wenn Ihnen die Rechnung präsentiert wird und Sie hintenüberfallen, wird Kerzig eiskalt und gar nicht mehr künstlerisch sagen: »Aber das wollten Sie doch – das haben Sie vor all meinen Mitarbeitern gesagt!«[15] Davon abgesehen: Das Entfernen der Lüftlmalerei kostet extra.

Nein, denken Sie daran, Sie sind hier derjenige, der alles bezahlen soll. Sie müssen deswegen keineswegs schimpfen oder schreien. Aber legen Sie in Ihre Stimme eine unmissverständliche metallische Entschiedenheit – proben Sie das vorher gegebenenfalls mit Ihrem Partner oder Ihrer Schwiegermutter. Oder mit dem Marktleiter Ihres Drogeriemarktes, den Sie mitten im Winter ehrlich empört nach Ostereierfarben fragen.

---

[14] Verhaltensforscher berichten in solchen Grenzsituationen von hocherstaunlichen Parallelen im Umgang mit beispielsweise Wölfen einerseits und Handwerkern andererseits. »Will man, dass die Tiere einem gehorchen, muss man ihnen mit äußerster Wachsamkeit und Entschlossenheit entgegentreten. Jeder Befehl muss scharf und unmissverständlich sein, und man darf ihnen nie den Rücken zudrehen«, sagt etwa Wolfsvater Erik Zittermann aus Uckermünde, »und das Überraschendste ist: bei den Installateuren, die unser Gästebad ausbauten, war es aufs Haar genauso«.

[15] Wenn Sie nun sagen: Moment, zuerst gibt es doch noch so etwas wie einen schriftlichen Auftrag, Glückwunsch: Das stimmt. Meistens jedenfalls. Aber weiß das Kerzig auch? Und weiß er, dass Sie es wissen?

SIE: Oh, nein, wir möchten einen einfachen Anstrich in weiß, so einen wie den alten. Nur das, ganz eindeutig nichts Künstlerisches …

KERZIG unterdrückt einen Fluch, denn er hat alles gegeben, um Ihr durchschnittliches, schlecht ausgeleuchtetes Treppenhaus ins beste Licht für teuerste künstlerischste Projekte zu rücken (er kennt einen schwarzarbeitenden Schlachtgehilfen aus Weißrussland, der die Lüftlmalerei mit Hilfe von gebrauchten Malschablonen aus der Waldorfschule ganz passabel hinkriegt). Aber offensichtlich sind Sie kein so großer Schöngeist wie er dachte. Zumindest kein so dummer Schöngeist. KERZIG muss also blitzschnell umdenken. Vielleicht sind Sie ja jemand, der Angst um sein Haus hat …

KERZIG: An einen einfachen Anstrich? Wie den ALTEN? (lacht ironisch auf) Um Gottes willen, wollen Sie sich das wirklich antun? Sehen Sie nicht, was der einfache Anstrich mit dem Mauerwerk gemacht hat?
SIE: Nein …?
KERZIG: Die Risse, sehen Sie nicht die feinen Risse da oben in viermeterfünfzig Höhe?
SIE (angestrengt): Nein, eher nicht …
KERZIG: Das müssen Sie auch nicht, aber ich sehe sie. Und ich kann Ihnen sagen, dass ich heilfroh bin, dass Sie mich rechtzeitig gerufen haben. Denn diese Risse sind der Anfang vom Ende – wenn Sie nun den falschen Anstrich nehmen, kann es zum Schlimmsten kommen. Wie lange steht das Haus schon?
SIE: Vermutlich seit den 70er Jahren …
KERZIG: Nein, sagen Sie nichts: vermutlich seit den 70er Jahren? Ich habe einen Blick für so etwas. Hartmut Kerzig

kennt sich aus. Und seitdem ist das Treppenhaus immer mit (verächtlich) solcher Farbe gestrichen? Hatte es nie Zeit, sich zu erholen? Keinen einzigen Tag? Nicht mal eine einzige Stunde?

SIE: Ich war zwar nicht die ganze Zeit dabei, aber vermutlich ist es so …

KERZIG: Um Himmels willen! (Zieht Sie am Arm ein paar Meter weg vom Treppenhaus). Halten Sie lieber Abstand. Wissen Sie, wie es unter diesen leichten, kaum sichtbaren Rissen aussieht? Im Putz? Im Mauerwerk?

SIE: Nein. Wie denn?

KERZIG: Ich bitte Sie, ersparen Sie mir sämtliche Erklärungen. Ich vermute, Sie möchten hier auch heute Nacht noch ruhig und friedlich schlafen. Nur so viel: Sie benötigen dringend einen Anstrich, der dem Mauerwerk gut tut, statt es weiter zu zerstören. Der es zusammenhält, Halt gibt. Der vermeidet, dass sich weitere Risse auftun, die zur Katastrophe führen können. Und der nebenbei auch noch wunderschön aussieht. Ich würde Ihnen raten, auf die Wände eine Spezialversiegelverspachtelung aufzubringen, darüber ein Seidenanstrichvlies, schließlich eine konservierende, in beide Richtungen und umgekehrt atmende Farbe. Das hält das marodeste Mauerwerk bombenfest zusammen. Ich bin in der glücklichen Lage der Einzige zu sein, der Ihnen diese Kombination in dieser Stadt anbieten kann und ich mache Ihnen einen Sonderpreis. Mit Garantie: Sollte Ihr Haus in den nächsten 24 Monaten trotzdem deswegen einstürzen, bekommen Sie die Hälfte des Geldes zurück …

SIE: Vielen Dank, Herr Kerzig. Aber ich möchte es bei dem geplanten einfachen Anstrich belassen. Sofern Sie daran noch Interesse haben …

Das saß. Die »Ihr-Haus-fällt-fast-zusammen«-Taktik hat zwar erst gestern ein paar Ecken weiter wunderbar geklappt, aber KERZIG weiß nun, dass er bei Ihnen auch damit nicht weiterkommt. Würden Sie nun noch leicht esoterisch wirken, würde Hartmut Kerzig noch den Versuch starten, Ihnen seine angeblich im Mondlicht gemischte linksdrehende bakterienbefreite handgerührte Biofarbe anzudienen. Aber er möchte den Bogen nicht überspannen, zumal Sie weder orange noch lila tragen und es hier nicht nach Räucherstäbchen riecht.

KERZIG: Aber natürlich habe ich Interesse, Kerzigs Kunstwerkstatt kann auch Standard, und das hervorragend wie kein anderer. Eine einfache weiße Farbe, sagen Sie? Im Farbton wie die alte?
SIE: Genau. Eine Farbe wie die alte. Schadstoffarm, mit Prüfsiegel. Den genauen Farbton suchen wir vorher zusammen aus.
KERZIG: Sicher, das wird gehen. Und ich kann Ihnen versprechen: Wir werden die Übergänge zu den anderen Wänden so hinkriegen, dass Sie absolut nichts merken werden …

Das ist glatt gelogen, und das weiß KERZIG genau. Die unterbezahlten Typen, die für ihn arbeiten, wissen nicht einmal, was ein Übergang überhaupt ist. Aber Sie sollten KERZIG erst mal in der Kneipe in Sierksdorf erleben, wo ihn jeder für einen Künstler hält.

SIE: Gut, was wird das in etwa kosten?

SIE gehen nun zum zweiten Teil des Gesprächs über – zu den Finanzen. KERZIG wäre kein Handwerker von echtem

Schrot und Korn, wenn er aufgrund der bisher von Ihnen gewonnenen Einschätzung nicht versuchen würde, wenigstens hier brutal zu zocken. Außerdem will er sich lieber nicht vorzeitig festlegen.

KERZIG: Wissen Sie, das hängt von Zeit und Aufwand ab …
SIE: Das ist klar. Aber Sie streichen ja sicher viele Treppenhäuser, Herr Kerzig. Und es wäre natürlich gut, wenn wir beide jetzt schon ungefähr wüssten, ob es sich für Sie überhaupt lohnt, einen Kostenvoranschlag zu schreiben …

Das saß. Jetzt muss KERZIG Farbe bekennen.

Psychotipp:
Sind Sie bei solchen Sätzen nicht sonderlich gut, lernen Sie das besser vorher vor dem Spiegel auswendig. Und keine überflüssigen Skrupel – KERZIG hat den ganzen Quatsch, den er sagt, schließlich auch auswendig gelernt, und dazu ist dies wahrlich nicht sein erster Auftritt, SIE sind also im künstlerischen Nachteil. Ach, und Sie brauchen nicht zu befürchten, dass Hartmut Kerzig, wenn Sie nun noch etwas insistieren, sich so auf seinen Künstlerschal getreten fühlt, dass er schluchzend aus Ihrer Tür stürzt …

KERZIG: Aber so aus dem Effeff sagen kann ich das nicht … Sie wissen, wir sind ein seriöser Handwerksbetrieb, ich bin seit langen Jahren im Vorsitz der Handwerkskammer aktiv,[16] und Sie werden keinesfalls zu viel bezahlen müssen,

[16] Mehr zu diesem bizarren Verein später.

auch wenn gute Leute immer teurer werden. Und ich bin sehr froh, dass ich gute Leute habe, erst gestern, als wir zusammen aßen, sagte auch der Bürgermeister ganz dankbar zu mir …

SIE (sein Ausweichen verhindernd): Wie viel schätzen Sie, Herr Kerzig? Oder können Sie es tatsächlich nicht …

KERZIG: Doch, natürlich. Lassen Sie mich mal sehen. Das sind etwa 35 Quadratmeter. Grundieren, zweimal streichen, so dass möglichst alles deckt …

An dieser Stelle ist es gut, noch einmal einzuhaken; Sie erinnern sich: Fakten schaffen …

SIE: Ich gehe davon aus, dass alles deckt, Herr Kerzig. Dabei ist mir ganz egal, wie oft Sie streichen, da möchte ich Ihnen nicht reinreden. Wissen Sie, mich interessiert der Endpreis.

KERZIG (SIE sehr genau beobachtend): … ich würde sagen, so etwa 980 Euro …

Achtung – sicher haben Sie es ohnehin gemerkt – nun tritt das Vorgespräch in eine weitere wichtige Phase, die Phase, auf die sich KERZIG wie fast alle Vertreter seines Standes meisterhaft versteht: die gestufte Preisnennung. Der Grund, weswegen er Sie nun beobachtet wie ein Luchs, ist einfach der, dass er ganz genau sehen will, wie Sie auf die erste Zahl reagieren, die er in den Raum geworfen hat. Reagieren Sie NICHT ablehnend, NICHT entsetzt, wird er grinsend hinzufügen: »Dazu kommt noch die Farbe, etwa 202 Euro.« Und lässt Sie das immer noch relativ unbeeindruckt, wird er noch locker anfügen: »Plus Anfahrt, Rüstzeit und Mehrwertsteuer natürlich!« (Und seien Sie sicher, am Ende wird er noch einen sittenwidrigen Zuschlag für extralange Treppenhaus-Pinsel verlangen.) Aber SIE können getrost davon ausgehen, dass schon die allererste Zahl unverschämt hoch ist, zumal Sie Ihrerseits längst beobachtet haben, wie KERZIG Ihre Inneneinrichtung mit Kennerblick abschätzte.

SIE: Lassen Sie, Herr Gierig, äh, Kerzig. Ich fürchte, wir werden uns nicht einigen können. Aber das ist auch für Sie gut, Sie sparen sich den Kostenvoranschlag. Schön, dass Sie hier waren …

SIE machen ein paar Schritte in Richtung Tür. (Haben Sie mehr schauspielerisches Talent, könnten Sie an dieser Stelle noch einen Monolog über die Finanzkrise, die gierigen Banken und Zitate aus Goethes Faust, vor allem die Stelle mit Gretchen einbauen. Haben Sie weniger Talent, laufen Sie dabei hingegen Gefahr, dass selbst ein Schmierenkomödiant wie KERZIG das als überzogen entlarvt.)

KERZIG: Aber … wieso?
SIE: Diese Summe kann ich nicht bezahlen, Herr Kerzig. Es tut mir leid. Die Ausgangstür ist geradeaus …
KERZIG: Warten Sie. Wissen Sie, ich bin kein Unmensch, und ich engagiere mich auch viel in karitativen Projekten. Und Ihr Treppenhaus gefällt mir wirklich gut. Es macht mich sogar sehr kreativ, ich spüre es genau. Wenn Sie also nur 550 Euro ausgeben wollen, plus Farbe und Mehrwertsteuer …
SIE: Selbst wenn ich wollte: Mehr als 550 Euro alles inklusive kann ich nicht bieten – abzüglich der 56,99 Euro, die die Herztabletten kosten, die ich nach unserem Gespräch benötige …

KERZIG denkt ostentativ lange nach, in Wirklichkeit, das hat ihm sein Coach so geraten, zählt er nur im Geiste bis 25. Sein Coach hat ihm außerdem geraten, das mit der Bildermalerei besser sein zu lassen, weil das Ergebnis für ihn so frustrierend ist, aber das gehört nicht hierher.

KERZIG: Na gut. Einverstanden! Weil Sie es sind. Ich kann die Differenz als Spende absetzen, hoffe ich …
SIE: Gut, Herr Kerzig. Ich bekomme dann von Ihnen einen entsprechenden verbindlichen Kostenvoranschlag. Auf Wiedersehen!

KERZIG geht mit einem müden Winken ab und schleicht wie ein geprügelter Hund durch Ihren Garten nach draußen. Erst eine Straßenecke weiter, als er sicher sein kann, dass Sie ihn nicht mehr sehen, entspannt er sich und beginnt zu pfeifen. Längst hat er im Kopf überschlagen, dass ihn die Farbe und der Schwarzarbeiter nebst einem gebrauchten Pinsel von eBay weit unter 100 Euro kosten werden – kein schlechter Reingewinn also. Und natürlich, aber damit haben SIE schon gerechnet, wird er einen UNverbindlichen Kostenvoranschlag schreiben. Den kann er bis zu 15 Prozent überziehen, ohne sich mit Ihnen abstimmen zu müssen. Und selbst wenn es noch teurer wird und er Ihnen dies beichten muss, können Sie zwar ab sofort die Zusammenarbeit kündigen, müssen aber das bis dato Geleistete, also sozusagen auch den unplanmäßigen Neuanstrich in Wohnzimmer und Küche, (der Anschlüsse wegen am Ende doch unumgänglich, sagt Kerzig) trotzdem bezahlen. Ein guter Grund, Kerzigs radebrechende Handlanger kein bisschen aus den Augen zu lassen, wenn sie tatsächlich bei Ihnen anrücken.

(Ein bisschen) Fachwissen hilft

Sie merken bereits: Es schadet nichts, wenn Sie sich vorher ein bisschen im Internet oder in einem Heimwerkerbuch über das jeweilige Problem und den besten Lösungsweg informieren. Außerdem können Sie dann den auf einen blutigen Laien gefassten Handwerkskönner mit zwei, drei zur passenden Zeit eingeflochtenen Fachbegriffen beeindrucken – lassen Sie sich auf dieser Basis nur in kein detaillierteres Gespräch verwickeln, wenn Sie nicht wirklich ein abgefeimter Trickser sind.[17] Aber halt, denken Sie nun etwas ärgerlich, gerade weil Sie keine Zeit und keine Lust haben, sich näher mit diesem Quatsch zu befassen, wollten Sie ja einen Handwerker holen! Sie haben im Grunde recht. Aber erstens erwarten Sie doch von einem Ratgeber wie diesem, dass er Sie auch mal überrascht. Und zweitens bedenken Sie bitte: Sie müssen ja beim Vorgespräch nicht jedes kleine Detail wissen. Und wenn Sie sich ein wenig informieren, investieren Sie vielleicht einen Abend und können die Zeit als geldwerten Vorteil betrachten. Wenn Sie aber nichts tun und der Handwerkerbesuch wächst sich, wie so häufig, zur veritablen Katastrophe aus, könnten Sie am Ende viel Geld und wertvolle Jahre Ihres Lebens verlieren.[18]

Das gilt auch für den erstaunlichen, aber in der Praxis gar nicht so seltenen Fall, dass nicht ein Auftragsraffer wie Hart-

---

[17] In dem Fall sollten Sie eventuell überlegen, ob es nicht für Sie finanziell ganz lohnend wäre, Handwerker zu werden. Aber Sie haben doch keine Ahnung …? Entspannen Sie sich, lesen Sie weiter und stellen Sie sich diese Frage am Ende des Buches einfach noch einmal …

[18] Gut, Sie müssen sich natürlich dann nicht informieren, wenn Sie diesen Job an jemanden delegieren können, dem Sie absolut und bedingungslos vertrauen. Aber dann würden auch nicht SIE diese Zeilen lesen, sondern sie oder er.

mut Kerzig, sondern ein notorisch Überforderter wie Manfred Tölpel-Bangblick in Ihrer Wohnung steht. Der nämlich genau andersherum versucht, die Arbeiten auf ein mit seinem knappen Zeitplan und seiner Kompetenz zu vereinbarendes Minimum zu beschränken …

SIE: Ich möchte gerne hier, wo die Badwanne steht, eine tolle Dusche. Bodentief. Mit Regenbrause, Massagedüsen, unbedingt in Übergröße. Ich habe es satt, mit dieser Badezimmereinrichtung der 50er Jahre zu leben …
TÖLPEL-BANGBLICK: Wieso? Die Badewanne sieht doch noch gut aus.
SIE: Wie bitte?
TÖLPEL-BANGBLICK: Naja, ich weiß nicht. Ob das klappt, was Sie sich vorstellen. Eine bodentiefe Dusche, das ist sehr schwierig. Sehr aufwendig. Sehr zeitintensiv. Ich weiß nicht …
SIE: Keine Sorge, ich bezahle dafür.
TÖLPEL-BANGBLICK: Trotzdem. Ich kann Ihnen nicht versprechen, dass das klappt. Und eine Regen…?
SIE: Regenbrause!
TÖLPEL-BANGBLICK: Die habe ich gar nicht im Katalog. Erst recht nicht auf Lager. Eine Regenbrause. Woher soll ich die nehmen?
SIE: Bestellen?
TÖLPEL-BANGBLICK: Nur wo?

Er stößt langsam die Luft aus, das Gesicht pure Ratlosigkeit. Dann erhellen sich seine Züge plötzlich.

TÖLPEL-BANGBLICK: Ich hab's. Da gab es doch vor Jahren diesen Film, wo diese nackte Frau zum Duschen einfach das Dachfenster aufgemacht hat. Machen Sie das doch auch so! Dann sparen Sie sich den Aufwand.

SIE: Wie bitte?

TÖLPEL-BANGBLICK: Ach so, Sie wohnen ja gar nicht unterm Dach. Na dann … (Versinkt wieder in Ratlosigkeit.)

SIE: Ich habe in einer Wohnzeitschrift eine schöne Regendusche gesehen. Da war, glaube ich, auch die Firma dabei. Soll ich Ihnen das mal raussuchen, dann können Sie sie bestellen?

TÖLPEL-BANGBLICK: Na ja, wenn die Firma in einer anderen Stadt ist und man da erst lange anrufen muss …

SIE (entgeistert): Soll ich für Sie anrufen???

TÖLPEL-BANGBLICK: Nein, ich mache das schon. Oder meine Frau. Aber es kann dauern. Also ich an Ihrer Stelle wäre zufrieden mit der Badewanne …

Sie können nun sagen: Das ist doch gut! Endlich ein Handwerker, der kein Hochstapler und Dicke-Backen-Macher ist, einer, der bescheiden auftritt und die Dinge lieber etwas zu schwarz sieht, statt vollmundig das Blaue vom Himmel zu versprechen. Dazu sollten Sie aber wissen: Töpel-Bangblick leistet noch deutlich weniger, als er verspricht. Am Ende müssen doch Sie der Regendusche wegen anrufen, angeblich, weil beim Hersteller immer besetzt ist.[19] Die bodentiefe Dusche wird sich an der höchsten Stelle circa zwölf, an der niedrigsten Stelle etwa sieben Zentimeter über Ihrem Fuß-

[19] Bei der Gelegenheit werden Sie herausfinden, dass Tölpel-Bangblicks Frau vergessen hatte, die Vorwahl von Dortmund zu wählen und so bei allen beiden Versuchen einen Biergarten im Stadtpark anrief. Dort ging zwar eine der Bedienungen ans Telefon, weil der Garten aber angesichts des schönen Wetter brechend voll war und trotzdem ständig Leute anriefen, die einen Tisch reservieren wollten, beschränkte sie sich darauf, den Hörer hochzureißen, »alles besetzt« zu brüllen und wieder aufzulegen.

bodenniveau befinden, angeblich des schlechten Estrichs wegen. Und die Massagedüsen sind über Monate nicht lieferbar. Denn auch sie stehen in keinem von Tölpel-Bangblicks Katalogen und außerdem hält sie seine Frau für irgendeine neumodische Schweinerei.

UNSER RAT: Sollte der Handwerker beim Ortstermin tatsächlich einen Einwand gegen Ihren Ursprungsplan haben, der einigermaßen vernünftig klingt und sich nicht auf Anhieb mit purer Geldgier erklären lässt, lassen Sie besser noch einen zweiten oder dritten Handwerker kommen. Sagen alle dasselbe, ist es nicht völlig ausgeschlossen, dass sie am Ende doch recht haben.

Jetzt nur nicht(s) nachlassen

Der Kostenvoranschlag

Das Wichtigste zu diesem Dokument ist oben bereits gesagt. Davon abgesehen ist es bei Unterzeichnung Ihrerseits für den Handwerker in der Regel das Signal zur Arbeitsaufnahme, zumindest das Signal, bei Ihnen ein paar Farbeimer oder einen Schwingschleifer und eine Leiter, vielleicht auch nur einen schmutzigen Kreuzschraubenzieher zu deponieren. Daher tun Sie gut daran, noch einmal zu prüfen, ob das Dokument tatsächlich an Sie gerichtet ist und nicht an einen Fertigfutterhersteller aus Castrop-Rauxel, und ob es auch das umfasst, was Sie besprochen haben. Letzteres ist noch relativ einfach (ist dort plötzlich von einem Warmwasser-Anschluss in ihrer Garage die Rede, wird sich der Handwerker mit Tastatur-Fehlgriffen seiner mithelfenden Ehefrau herausreden).

Besonderes Augenmerk verdient allerdings das Kleingedruckte auf der Rückseite. Dieses ist bei einigen Handwerksbetrieben so umfangreich, dass es zwei bis drei zusätzliche Beiblätter erfordert. Zu den Highlights gehören drastisch verkürzte Garantiefristen, pauschal vereinbarte Überstundenzuschläge in Höhe von 50 Prozent der Summe und Klauseln, nach denen das künftige Werk des Handwerkers in Ihrer Wohnung so sehr in Ordnung sein wird, dass SIE auf eine Abnahme besagten Werkes gleich von vornherein verzichten – genauso gut könnten Sie den Herren den Rechnungsbetrag schenken. Sicher, vieles von diesem Zeug ist rechts- oder sittenwidrig – und niemand kann es deshalb ernsthaft von Ihnen einfordern. Aber wenn Sie sicher sein und potenziellen Ärger im Vorfeld minimieren wollen: Streichen Sie alles durch, dann gelten die gesetzlichen Bedingungen.

UNSER RAT: Auf einen Handwerker, der tatsächlich auf seinen gefinkelten Extra-Klauseln beharrt, können Sie getrost verzichten.

Profis unter den Auftraggebern achten übrigens darauf, dass ein Termin vermerkt ist, zu dem alle Arbeiten beendet und alle Eimer und Leitern wieder verschwunden sind – und wer noch professioneller ist, legt gleich eine Strafe fest, die fällig wird, falls der Handwerker dies nicht schafft. Dass dieser Termin möglichst exakt mit Datum und Uhrzeit beschrieben sein sollte – und nicht »ungefähr in drei bis vier Wochen« – versteht sich von selbst.

Psychotipp:

Legen Sie nichts für Sie persönlich Wichtiges, bedeutsame Geschäftstermine oder Prüfungen in die letzten Tage vor Ablauf einer solchen Frist. Denn es ist damit zu rechnen, dass an diesen Tagen – und oft nur an diesen Tagen – bei Ihnen der Bär toben wird.

„Jajaja“, Handwerker können auch mehrsilbig – Wie erkennen Sie, ob sie trotzdem etwas verstanden haben?

Nicht jede Koryphäe des Handwerks ist mit solchen rhetorischen Fähigkeiten gesegnet wie Meistermaler Hartmut Kerzig. Allzu oft findet die Kommunikation von dieser Seite nur sehr eingeschränkt und stark dialektbehaftet statt. Da Sie sehr darauf angewiesen sind zu wissen, ob Ihre Wünsche und Anregungen angekommen sind oder nicht, ist das eine Herausforderung, die höchste Konzentration und unter Umständen einen Übersetzer erfordert. Was um Himmels willen aber bedeutet es, wenn Ihr Gegenüber, statt etwas zu erwidern, und sei es furchtbar, ganz einfach ...

... immer nur »jajaja« sagt, offensichtlich ohne nachzudenken und Sekundenbruchteile nachdem Sie ausgeredet haben?

Handelt es sich um einen Älteren seiner Zunft, sollten Sie überprüfen, ob er ein Hörgerät trägt, das eventuell nicht eingeschaltet ist. Sind Sie nicht ganz sicher (Hörgeräte sind heutzutage klein), klappen Sie hinter seinem Rücken plötzlich laut ein Buch zu und/oder schreien Sie laut. Schreckt er zusammen, bitten Sie ihn freundlich, zu wiederholen, um was Sie ihn vorher gebeten haben. Leiert er stattdessen nur Blödsinn vor sich hin, lassen Sie ihn schnell in Frieden gehen.

... immer nur »jajaja« sagt, und das in einem leicht abwesend wirkenden Tonfall, als denke er über das Wetter am Wochenende nach?

Vielleicht ist er tatsächlich abwesend – testen Sie das mithilfe der Buch- und Wiederholungstaktik. Unter Umständen ist er aber auch von Ihren Wünschen völlig überfordert und flüchtet sich in Gedanken schon jetzt an den nächsten Badesee. Sehen Sie ihm streng in die Augen und sagen Sie mit freundlicher, aber fester Stimme, dass Sie von seinen Schwierigkeiten wüssten, dass man aber über alles reden könne. Haspelt er etwas Zustimmendes, werfen Sie ihn raus. Genauso, wenn er zugibt, er habe nur über das Wetter am Wochenende nachgedacht. Denn er wird auch beim Arbeiten nichts anderes tun.

... immer nur »jajaja« sagt, aber dann etwas ganz anderes wiederholt?

Der Kerl will Sie für blöd verkaufen oder er hat Sie wirklich nicht verstanden. Unter Umständen ist er auch kein echter Handwerker, sondern macht für Handwerker-TV eine Kundendemütigungssendung mit versteckter Kamera. Servieren Sie ihm so viel Kaffee, bis er dringend auf die Toilette muss und öffnen Sie ihm zuvorkommend die falsche Tür. Die nach draußen.

... immer nur »jajaja« sagt, und dabei ziemlich nach Alkohol riecht?

Bevor Sie ihn rauswerfen, sollten Sie noch einmal nachdenken: Wir erwähnten ja bereits, dass vielen Handwerkern ihr Beruf alles andere als eine Passion ist und zwangsläufig benötigen einige ein gewisses Quantum Alkohol, um sich auf Betriebstemperatur zu bringen.[20] Es könnte natürlich rein theoretisch auch sein, dass es sich bei dem Alkoholisierten um einen im Grunde seines Herzens sehr schüchternen Handwerker handelt, einen, der so aufgeregt war, dass er sich erst Mut antrinken musste, um Ihnen beim Vorgespräch Rede und Antwort zu stehen – okay, wir geben zu, das ist nicht übermäßig wahrscheinlich. Ein Alarmzeichen sollte jedenfalls sein, wenn er im Verlauf eines fünfminütigen Gesprächs dreimal hintenüberkippt und zu schnarchen beginnt.

... immer nur »jajaja« sagt und dabei diabolisch grinst?

Prüfen Sie anhand von ein paar beiläufigen Fragen, ob er einfach nur höflich sein will und das Diabolische seines Grinsens lediglich der mäßigen Arbeit eines anderen Handwerkers, nämlich eines Zahntechnikers, verdankt. Ebenso lässt sich auch feststellen, ob der Herr am Ende nicht einfach etwas dämlich ist – machen Sie nur nicht den Fehler, für die Diagnose des Gegenteils allzu hohe Maßstäbe anzulegen: Ein Handwerker ist weder Mathematiker noch Chirurg und auch den Fragenkatalog von »Wer wird Millio-

[20] Wie zum Beispiel Landschaftsgärtner Erwin Grasslhuber aus Neuried bei München, der für gewöhnlich am Vormittag einen ganzen Kasten Bier in sich hineinschüttet. Was ihn nicht davon abhält, in den kurzen Pausen zwischen seinen Toilettengängen die Thujenhecken so gerade zu pflanzen wie ein junger Gott.

när« beherrscht er im Allgemeinen eher schlecht. Schließlich ist es aber durchaus auch möglich, dass sich der diabolische Grinser tatsächlich für den über Sitten und Gesetzen stehenden Paten des deutschen Handwerkerunwesens hält. In dem Fall wird er noch das eine oder andere Entlarvende tun, beispielsweise, kaum drehen Sie ihm den Rücken zu, eine Zigarette entzünden und sie in Ihre trockene Zimmerpalme schnippen.

... immer nur »neinneinnein« sagt?

Durchaus keine so klare Sache, wie es scheint. Denn es kann gut sein, dass er Ihnen in Wirklichkeit, zugegeben etwas ungeschickt – beipflichten will. Oder aber, er ist mit einer Kleinigkeit nicht einverstanden, etwa damit, dass er seinen Dreck nach Ende der Arbeiten wieder mitnehmen soll, statt ihn auf dem Teppich in Ihrem Flur liegen zu lassen. Stimmen Sie sonst überein und macht er einen einigermaßen fähigen Eindruck, können Sie in dem Fall ja anbieten, den Teppich einfach vor seinem Eintreffen zu entfernen oder einen billigen Ersatzteppich auszulegen. Will er sich darauf nicht einlassen, weil er es seit 28 Jahren gewöhnt ist, seinen Dreck auf Teppichen liegen zu lassen, und zwar auf je schöneren Teppichen desto besser, gehen Sie zum Telefon und simulieren Sie ein Gespräch mit dem Konkurrenten, der im Branchenbuch direkt über ihm steht. Der Verneiner wird laut zähneknirschend einlenken – übrigens meistens auch, wenn er tatsächlich nicht mit einer Kleinigkeit, sondern mit allem, was Sie sagten, nicht einverstanden war.

... nichts sagt, kein Sterbenswort? Und auch nicht das Gesicht verzieht?

Möglicherweise ist er einfach nur kein Freund übertrieben großer Kommunikation, es gibt ja auch Taxifahrer, die mit keiner Regung erkennen lassen, ob sie das Ziel verstanden haben, das man Ihnen beim Einsteigen nennt, und die einen trotzdem zielsicher absetzen. Beobachten Sie also genau, ob ihr Gesprächspartner unmerklich nickt oder die Schultern zuckt. (Sie erkennen auch kleinste Bewegungen, wenn Sie im Hintergrund eine unbewegliche Linie, etwa den zu reparierenden Riss in der Wand, fixieren.) Können Sie nichts dergleichen erkennen, fragen Sie ruhig noch zwei-, dreimal nach. Steht er daraufhin abrupt auf und strebt fluchend der Tür zu, ist ihm entweder plötzlich schlecht geworden, weil ihm klar wurde, dass er bei Ihnen richtig arbeiten müsste. Oder er ist ein wahrer Könner, der es nicht ausstehen kann, behandelt zu werden wie ein Idiot und demzufolge mit Ihnen nichts mehr zu tun haben will. In den allermeisten dieser Fälle ist es allerdings so, dass nur er selber sich für einen Könner hält.

4.

Willkommen im Wahnsinn: Was Sie tun sollten, bevor der Handwerker aktiv wird. Oder so tut

Denken Sie bitte nicht, wenn Sie sich endlich über Umfang und Preis der Arbeit geeinigt hätten, sei das Schlimmste vorbei und Sie könnten sich entspannt zurücklehnen. Im Gegenteil: Die größte Hürde, die nun noch ansteht, ist der Handwerker selbst. Der Mensch, der nun in Ihrer Wohnung herumwerkeln und -schustern wird. Sofern er nicht absagt, indem er Ihnen am frühen Morgen des Tages, an dem er kommen wollte, eine Nachricht ohne jede Spur von Reue auf den Anrufbeantworter haspelt.

UNSER RAT: Deaktivieren Sie Anrufbeantworter und Mailbox und gehen Sie auch nicht ans Telefon. Dann nämlich wird er den anderen Kunden anrufen und ihm absagen – denn er hat mal wieder zwei Termine gleichzeitig ausgemacht. Oder er hat zumindest vergessen, genügend Material für beide Termine zu besorgen.

Natürlich, der Maler, Schreiner, Tischler oder Klempner Ihres Vertrauens kann, abhängig vom Wetter, seinem persönlichem Befinden und 37 weiteren Faktoren auch noch spontan ganz kurz vor Ihrer Haustür beschließen, nicht zu erscheinen – jedenfalls nicht bei Ihnen.[21]
Dennoch sollten Sie auf sein Eintreffen gefasst sein, falls es am Ende doch dazu kommt.

Gefährdete Papiere, Urin im Waschbecken

Wie Sie Ihre Wohnung sichern

Vielleicht besitzen Sie ohnehin ein Schließfach bei einer Bank, um dort Gold oder das ererbte Silberbesteck zu horten. Prüfen Sie, ob in diesem Schließfach noch Platz für Dinge ist, die Sie sehnlichst vermissen würden, wenn Ihre Wohnung infolge der Handwerksarbeiten einem Feuer oder Hochwasser zum Opfer fiele – Versicherungsscheine, Geburts- und Hochzeitsurkunden, Fotoalben, das Mokkaservice Ihrer Großmutter. Haben sich bei Ihnen viele Dinge angesammelt,

[21] Viele Handwerker üben sich dennoch immer wieder von Neuem in der Kunst der Bilokation, der Fähigkeit, an zwei Orten gleichzeitig zu erscheinen, etwas, das in der Regel Seligen und Heiligen vorbehalten ist. Doch die Aussicht, mit nur ein bisschen Meditation und Beten die Einnahmen quasi verdoppeln zu können (und zudem für das spirituelle Alter Ego den Firmenwagen einzusparen) treibt Elektriker, Tischler, Installateure und Kundendienstleister dazu, dies beharrlich immer wieder neu zu versuchen. Es versteht sich, dass diese Bilokationswilligen ihre Arbeitszeit nicht wie andere aus reinem Versehen doppelt und dreifach belegen, sondern mit voller Absicht. Und es gibt bereits erste Erfolge. Unlängst brachte es ein Holzhandwerker aus der Südschweiz nach intensivem Üben fertig, in Lugano-Paradiso einen Weichholzschrank zu restaurieren und gleichzeitig in einem Stehcafé im historischen Zentrum eine Pizza zu bestellen. Zeugen dieses Wunders stören sich allerdings noch daran, dass der Mann ein Handy benutzte.

an denen Ihr Herz hängt, könnten Sie für die Dauer des Handwerkereinsatzes auch einen Lagerraum anmieten – was den Vorteil hätte, dass Sie dort auch ein paar wertvolle Möbel unterstellen könnten, Möbel der Art, auf denen Handwerker gerne gedankenverloren eine brennende Zigarettenkippe oder ölverschmierte Fensterscharniere ablegen.
Vergessen Sie nicht, Kostenvoranschlag und Auftragsbestätigung für den Handwerkereinsatz gleichfalls außer Haus einzulagern. Unter Umständen könnte der eine oder andere Handwerker, wenn der Auftrag doch teurer wird als vorher veranschlagt, auf die Idee kommen, seine erste peinlich niedrige Schätzung zu suchen und zu beseitigen. Außerdem: Wenn erst aufgrund einer Explosion beim Pinselreinigen Ihr Küchenvorhang in Flammen steht oder nach dem Einbau eines perforierten Toilettenabflusses ihr Schlafzimmer vollläuft, wird so mancher handwerkliche Chaot alles tun, um sämtliche Beweise für seine Tätigkeit zu vernichten.

UNSER RAT: Dass Sie die Dokumente außer Haus (»bei meinem Anwalt und das ist ein ganz scharfer Hund!«) aufbewahren, sollten Sie gegenüber den Handwerkern natürlich erwähnen. Vielleicht versuchen diese dann, wenn es brennt oder die Sintflut durch die Wohnung tobt, sogar etwas dagegen zu tun, statt schnell noch ein Gegenfeuer zu legen oder weitere Rohre aufzuhacken.

Psychotipp:

Es ist moralisch nicht einwandfrei, aber in diesem Zusammenhang eine lässliche Sünde: Sofern Sie willens und in der Lage sind, den Herren glatt und glaubwürdig ins Gesicht zu lügen, erreichen Sie diesen Effekt vermutlich auch schon, wenn Sie einfach nur BEHAUPTEN, Sie hätten alles außer Haus gebracht ... Auch möchten wir Sie darauf hinweisen, dass viele Handwerker es für eine Demütigung halten, im Sitzen zu pinkeln. Mehr noch, je nach Körpergröße benutzen sie gerne auch Bidets, Waschbecken oder Zahnputzbecher. Sollten Sie über ein Gäste-WC verfügen, schließen Sie Ihr Hauptbad also lieber ab und tarnen Sie es gegebenenfalls durch einen davorgeschobenen Schrank.

Überleben auf der Baustelle oder ins Exil

Bringen Sie sich in Sicherheit

Gerade wenn Arbeiten anstehen, für die mehr als ein Tag angesetzt ist – daraus wird im Schnitt ohnehin mindestens das Doppelte –, sollten Sie überlegen: Wollen Sie wirklich all das miterleben und die paar nächtlichen Stunden, die Ihnen zwischendrin zur Erholung bleiben, in Ihrer teilverwüsteten Wohnung zubringen, zwischen Schutt, Wurstsemmel- und Colaresten? Und das selbstverständlich bei wegen »unvorhergesehener Probleme« (die stets auftreten, wenn Handwerker beteiligt sind[22]) abgestelltem Wasser, Strom und Heizung?

---

[22] Das Phänomen taucht so zuverlässig auf, dass es in der Arbeits- und Sozialwissenschaft bereits einen Fachbegriff dafür gibt, das »Blaumann-Syndrom« – nicht zu verwechseln mit dem gleichfalls von Handwerkern erfundenen »Blauen Montag«. Professor Dr. Johannes Liefers aus Münster, der sich seit Jahrzehnten mit diesem Forschungsfeld beschäftigt, hat in mehreren Studien analysiert, dass es nicht zum Blaumann-Syndrom kommt, wenn ein Nicht-Handwerker in einen blauen Overall schlüpft, beispielsweise im Karneval oder zur Abschreckung der Schwiegereltern; hingegen trat das Phänomen zuverlässig auch bei solchen Handwerkern

Eine Alternative wäre, ein paar Tage in einem schönen Hotel in der Nähe zu buchen; in einem Hotel, das Ihnen so gut gefällt, dass Sie sich dort von den Rückschlägen beim Besichtigen Ihrer Wohnung ausreichend erholen können. Sind Sie sensiblerer Natur, könnten Sie auch bei guten Freunden einziehen, die Sie abends bei gutem Essen und gutem Wein wieder aufbauen können. Es sollten allerdings wirklich gute Freunde sein. Denn im Nu kann sich selbst eine scheinbar übersichtliche Sache, wie das Auswechseln einer zerbrochenen Fensterscheibe, zu einem mehrtägigen Reparaturmarathon ausweiten: weil sich beim Neueinsetzen der Fensterscheibe herausstellt, dass auch ein neuer Rahmen her muss, und weil, wenn der neue Rahmen endlich passt, der Trockenleger anrücken muss. Denn es hat während der ganzen Zeit furchtbar geregnet, aber etwas vor das Fenster zu hängen, das hat der huschige Geselle glatt vergessen. Also ist auch Ihr Holzfußboden dahin, was wiederum einen Parkettfachmann auf den Plan ruft, zufälligerweise der Cousin des huschigen Gesellen …

Psychotipp:

Haben Sie keine guten Freunde mehr, weil Sie zu sensibel sind, sollten Sie prophylaktisch bei einem guten Therapeuten ein paar Einheiten buchen. Sie werden Sie dringend benötigen.

---

auf, die selbst gar nicht mehr als Handwerker arbeiteten und selbst dann, wenn sie Overalls und Latzhosen in anderen Farben anlegten. Eine die Fachwelt verblüffende Ausnahme stellte lediglich über Jahre ein aus Datenschutzgründen nur als »Triple A« kodierter Proband aus Stralsund dar, ein Handwerker, bei dem keine Spur des Blaumann-Syndroms festzustellen war – bis Professor Liefers mit Amtshilfe der Münsteraner Polizei herausfand, dass »Triple A« in Wahrheit ein arbeitsloser Philosoph aus Göttingen war, den die Handwerkskammer in die Studien eingeschleust hatte, um das Ansehen der Handwerker wenigstens ein bisschen zu heben.

Wollen Sie aber ganz bewusst in Ihrer Wohnung bleiben (oder bleibt Ihnen der zu erwartenden horrenden Rechnung wegen nichts anderes übrig), gönnen Sie sich wenigstens einen gut passenden, wirklich den Schall schluckenden Ohrenschutz; hervorragend geeignet sind die maßgefertigten Kunststoff-Pfropfen, die es im Akustikfachhandel gibt. Diese lohnen sich selbst in der relativ kurzen Zeitspanne zwischen dem morgendlichen Eintreffen der Spezialisten und dem Zeitpunkt, zu dem Sie halb bekleidet und ohne Frühstück viel zu früh ins Büro fliehen. Haben Sie die Maler, bräuchten Sie einen maßgefertigten Geruchsschutz oder müssten das Atmen einstellen; unter diesen Umständen in Ihrer Wohnung zu bleiben, können wir Ihnen aus Gesundheitsgründen allerdings nicht empfehlen.

Besorgen Sie sich für alle Fälle Wasservorräte und Fertiggerichte, mit denen Sie auch ohne fließend Wasser und Strom ein paar Tage über die Runden kommen. Es empfiehlt sich, eine heizende Esbitlampe und etwas Thermounterwäsche im Haus zu haben, selbst, wenn die Handwerker im Hochsommer bei Ihnen anfangen – es kann zwar gut möglich sein, dass sie auch im Hochsommer fertig werden; vielleicht aber erst im nächsten oder übernächsten.

Füllen Sie auch Ihre Hausapotheke auf. Gut ist vor allem Material zur Behandlung grober Verletzungen (Augenklappen nicht vergessen!). Nicht nur wegen Ihnen. Wie schnell kann Ihnen der großmäulige Tischler, der Ihren Fensterflügel mal schnell passend machen wollte, nach einem Techtelmechtel mit der Stichsäge blutend und röchelnd entgegentaumeln wie die Hauptfigur in einem schlechten Splattermovie!

Haben Sie Angst vor solchen Zwischenfällen, empfiehlt sich ein Auffrischungskurs in Erster Hilfe – diese nicht zu leisten wäre auch bei Handwerkern unterlassene Hilfeleistung. Bevorraten Sie unbedingt auch stark Beruhigendes, je nach Präferenz Alkohol, Baldrian, Medikamente oder Bachblüten-Tropfen. Letztere haben den Vorteil, dass Sie sie unbesorgt auch über längere Zeit anwenden können – also, bis die Handwerker wirklich endgültig wieder weg sind.

Der Handwerker, eine tickende Zeitbombe

Erwarten Sie alles, nur keine Pünktlichkeit

Wir erwähnten es bereits: Das Vereinbaren von Terminen mit Handwerkern ist eine Sache. Die Frage, ob Handwerker, selbst wenn Sie kommen, diese Termine auch einhalten, eine ganz andere. Und die Beispiele sind Legion:

– Tina Obermeier aus München hatte mit dem Waschmaschinenmonteur einen Termin um acht Uhr morgens. Um halb sechs Uhr klingelte es Sturm, dann trommelte ein Wahnsinniger gegen ihre Wohnungstür. Als Obermeier, einen schweren Dosenöffner in der Hand, zitternd öffnete, stand dort der Waschmaschinenmonteur. Er sei gerade in der Nähe gewesen, und sie habe sicher nichts dagegen, dass er ein wenig früher anfange, damit er früher fertig sei?
– Sibylle Böckenheim aus Husum hatte mit dem Laminatbodenleger Mittwoch, Punkt 13 Uhr vereinbart. Der Mann kam pünktlich auf die Minute, allerdings einen vollen Monat später. Alles könne sie wirklich nicht verlangen, fuhr er sie an, als sie ihn fragte, warum.

– Bernd Mutterhelf aus Dresden machte mit einem Klempner seines undichten Badewannenabflusses wegen den gefürchteten Abendtermin aus – und war heilfroh, dass dieser erst um 16 Uhr lag. Mutterhelf kam schon eine halbe Stunde früher aus dem Büro. Gerade noch rechtzeitig, um zu sehen, wie der Transporter des Klempners sich langsam näherte, vor seiner Haustür auf Schrittgeschwindigkeit verlangsamte und dann, als Mutterhelf winkend auf die Straße trat, mit aufheulendem Motor durchstartete und verschwand. Tage später erhielt Mutterhelf, der sich beim Sprung zurück auf den Fußweg beide Knöchel verstaucht hatte, eine Rechnung wegen vergeblicher Anfahrt des Klempners.
– Florian Dorsch-Jungsberger aus Berlin hatte mit einem Maler einen Termin um 10 Uhr vereinbart. Der Mann kam nicht. Als Dorsch-Jungsberger ihn nach zwei Tagen anrief, bestritt der Maler sehr bestimmt, jemals einen Termin vereinbart zu haben. Dorsch-Jungsberger vereinbarte sofort und feierlich einen neuen Termin. Der Maler kam nicht. Dorsch-Jungsberger rief wieder an. So ging es noch drei oder vier Mal, solange bis Dorsch-Jungsberger, bis hierhin ein außergewöhnlich geduldiger Kunde (für seine Frau: ein Trottel) schließlich aufgab und selber zu streichen begann. Da klingelte es. Es war der Maler, der vorbeikam, weil er angeblich jetzt einen Termin hatte, furchtbar empört war und Dorsch-Jungsberger wegen Schwarzarbeit anzeigte.
– Andrea Waltersheim aus Freiburg benötigte wegen ihrer defekten Türklingel einen schnellen Termin mit einem Elektriker. Doch die Frau am Telefon des Betriebs erklärte ihr, Termine hätten keinen Sinn, die Monteure der Firma kämen, sobald es ihnen möglich sei. Noch bevor das Telefonat zu Ende war, vernahm Waltersheim einen infernalischen Lärm im Erdgeschoss. Es waren die Monteure. Sie erklär-

ten der von den Nachbarn gerufenen Polizei (Waltersheim hatte sich im Wäscheschrank versteckt), sie hätten die Tür aufbrechen müssen, weil ihnen auf ihr Klingeln niemand geöffnet habe.

– Tom Klammbichl aus Oberammergau schließlich versucht sich seit 35 Jahren mit Maurer Bodo Hintermeier zu verabreden, der seine vor Ewigkeiten zu Tal gerutschte Garagenhinterwand neu aufmauern soll. Was ärgerlich ist, denn nun sitzen ständig die haarigen Schafe und Ziegen des Nachbarn in seinem Auto herum. Hintermeier aber hat noch keinen einzigen der ungefähr im Wochentakt vereinbarten Termine eingehalten. Stattdessen kommt er zuverlässig stets genau dann, wenn Tom Klammbichl sich auf seinem täglichen Spaziergang genau auf der gegenüberliegenden Seite des Tals befindet, hupt vorwurfsvoll und fährt dann unverrichteter Dinge wieder. Pikanterweise lebt der wenig zeitaffine Maurer im selben Ort wie Klammbichl. So gab es bereits unzählige Zusammentreffen, mehrere Wortwechsel mit Watschen und eine heftige Prügelei – vorgeblich um die letzte frische Brezn beim Bäcker.

Warum das Zeitgefühl der Handwerker so gänzlich ein anderes ist, man könnte sagen: ein diametrales, darüber scheiden sich die Geister. Marvin Menck, Privatdozent für Dienstleistungen an der Hochschule Clausthal-Zellerfeld, glaubt, dass zu einem ganz eigenen, so egoistischen wie eigentümlichen Weltverständnis noch eine tiefe, berufsbedingte Identitätskrise kommt: Handwerker wüssten genau, dass sie eine Arbeit verrichteten, die andere sich oft nicht zutrauten – und sich zugleich nicht zumuten wollten: Das Neuverlegen eines Toilettenrohres etwa sei eine wesentlich notwendigere, aber weit weniger angesehene Arbeit als beispielsweise das Verspekulieren von Millionensummen an der Börse (Finanzkrisen stellten dieses Verhältnis zwar auf den Kopf, aber immer nur kurzzeitig).[23]

Die meisten Handwerker, so will Menck in tiefenpsychologischen Studien unter Zuhilfenahme von Floating-Tanks herausgefunden haben, flüchten sich aus diesem ständigen Spagat zwischen äußerer Hoch- und Missachtung in ein gehässiges Überlegenheitsgefühl gegenüber all den Trotteln, die nicht mal wissen, wie man einen Schraubenzieher ordentlich hält (gar nicht, wozu gibt es Akkuschrauber) gepaart mit Rebellion gegen das System – also dem Ablehnen von allgemein akzeptierten zeitlichen Normen.

Sehr hilfreich dabei ist die Tatsache, dass Handwerker grundsätzlich mit einem Auto unterwegs sind. Die Ausreden „Es war gerade Berufsverkehr" und „Ich musste ewig nach einem Parkplatz suchen" sind mittlerweile gesellschaftlich so akzeptiert, dass die wenigsten Kunden fragen, warum sie diese verlorenen Zeiten – wie auch die vielen Stunden, in denen vergessenes Werkzeug aus dem Wagen oder vom Baumarkt geholt werden muss – überhaupt bezahlen müs-

---

[23] Privatdozent Menck ging sogar so weit, in seinem Folgewerk darlegen zu wollen, dass die letzte und die vorletzte Finanzkrise in der Tat durch Fehlspekulationen von Handwerkern im internationalen Finanzwesen hervorgerufen worden seien. Geheimen Quellen zufolge gebe es einen weltweiten Geheimbund von offenbar frei tätigen Maurern, der bis ins Jahr 44 nach Christus zurückdatiere und im Mittelalter vom Vatikan wegen der vielen Baumängel unter anderem an der Sixtinischen Kapelle grausam verfolgt worden sei. Dennoch sei es den Geheimbündlern gelungen, in den Jahrhunderten danach immer wichtigere Schlüsselpositionen der Gesellschaft innezuhaben, für Chaos, Dreck und Verwirrung zu sorgen und aus purem Unvermögen eine Wirtschaftskrise nach der anderen vom Zaun zu brechen. Die Herausgabe des dies belegenden Menckschen Folgewerkes verzögert sich allerdings, weil Menck noch weiteren Geheimbünden auf die Spur gekommen ist. Denn vor Kurzem stieß der Wissenschaftler in seinem Badezimmer auf zwei angebliche Elektriker, die unter dem Vorwand, Akademikern beim Installieren von Lampen helfen zu wollen, ganz offensichtlich dieselben Missstände über die Menschheit bringen wollen wie die eben erwähnten Maurer.

sen. Kein Wunder, dass manche dieses Gestaltungselement exzessiv nutzen:

In Tischlerkreisen legendär ist Fred Zarkowski aus Berlin-Frohnau, der es über drei Wochen hinweg nicht schaffte, seinen Arbeitsplatz in einer Altbauwohnung in Berlin-Charlottenburg zu erreichen, indem er sämtliche verfügbaren Staus und Stockungen ausnutzte und, schließlich doch angekommen, auch die Parkplatzsuche intensiv ausdehnte. Eine Polizeistreife machte der parasitären Cruiserei ein Ende, denn Zarkowski war Schlangenlinien gefahren, weil er vor lauter Wurstsemmel-Papier und Currywurst-Pappen nichts mehr sehen konnte.

Grund für den verzweifelten vielfachen Sanitärkunden Bogdan Kruse aus Wiesbaden, seine Agentur »Wir holen jeden Handwerker!« zu gründen. Das radikale, aber erfrischende Konzept des jungen Unternehmens ist laut Kruse: »Wir klingeln jeden Handwerker morgens zu Hause raus, wir spazieren mit Uhrzeitschildern durch seinen Garten, wir holen ihn mit zwei Muskelmännern in einer Limousine ab, wir akzeptieren kein Nein, wir beschatten ihn, wenn es sein muss, selbst im Schlaf, notfalls entführen wir ihn mit einem Sack über dem Kopf von einer anderen Baustelle – und wir sorgen dafür, dass er jeden Morgen pünktlich bei Ihnen anfängt, zügig durcharbeitet und keine Minute eher geht, als bis er fertig ist!« Allerdings sind Kruses Dienste entsprechend teuer.

UNSER RAT: Halten Sie bei Terminabsprachen grundsätzlich alles für möglich, auch, dass überhaupt niemand kommt. Oder aber das genaue Gegenteil. Oder beides zugleich.

Psychotipp:
Wenn Sie öfter mit Handwerkern zu tun haben, etwa, weil Sie in einer Montagswohnung leben, lassen Sie einen Schalter einbauen, mit dem Sie die Türklingel ausschalten können, damit Sie keiner von den Kerlen zur Unzeit und »weil ich gerade in der Nähe war« aus dem Bett klingeln kann. Zugegeben, für diesen radikalen emanzipatorischen Schritt benötigen Sie einen zuverlässigen Handwerker ...

5. Pausen, Stehcafés, und warum Lärm so wichtig ist – Wie Handwerker arbeiten

Aber dann ist er oder sind sie wirklich da. Und für Sie, egal, ob Sie ausharren wollen oder so clever waren, abwesend zu sein, geht das Heulen und Zähneklappern erst richtig los. Denn die handwerklichen Arbeitsgewohnheiten sind für Normalbürger gewöhnungsbedürftig. Und das hat offenbar System, wie die Abschrift eines sensationellen Interviews mit der investigativen Fernsehtalkshow »TV Zaunkönig« beweist:

MODERATOR: Meine Damen und Herren, wir haben heute einen ganz besonderen Gast: Er ist lange Jahre als Parkettleger tätig und hat sich heute dazu entschieden, anonym über die Arbeitsweise der Branche auszupacken. Wie darf ich Sie nennen?
PARKETTLEGER: Egal. Meinetwegen Rudi – nein, halt: Wolfgang. Oder, besser: Mike. Nein – Rolf. So wollte ich immer mal heißen, aber meine Eltern …
MODERATOR: Gut – Rolf. Sie wollten über die Arbeitsweise in Ihrer Branche sprechen …

PARKETTLEGER: Ja, klar, Sie bezahlen ja auch viel Kohle dafür. Also, ganz einfach: Alles steht und fällt mit einem coolen Stehcafé.

MODERATOR: Können Sie das etwas – ausführen?

PARKETTLEGER: Entweder es gibt eins in der Nähe. Oder man muss hinfahren, was ziemlich mühsam und blöde ist. Deswegen arbeiten wir lieber in Gegenden mit Stehcafés und lassen die Aufträge aus anderen Stadtteilen so lange liegen wie möglich.

MODERATOR: Ja, hehehe, eigentlich wollten wir darüber sprechen, was Sie während Ihrer Arbeit so machen …

PARKETTLEGER: Tue ich doch. Also, in den meisten Stehcafés gibt es echt nette Bedienungen, da kann man sich schon mal zwischen zwei Pausen festquatschen, naja, man hat ja nur drei oder vier am Tag. Klar, es gibt Kollegen, die sitzen lieber im Firmenwagen, essen und lesen die BILD-Zeitung. Und trauen sich nicht, mit den Bedienungen zu quatschen, weil sie seit Monaten dasselbe verschwitzte T-Shirt tragen. Naja, ich trage meins höchstens ein, zwei Wochen, weil ich ganz gerne im Café mit den Bedienungen quatsche. Deshalb muss ich mich oft nach der eigentlichen Pause noch mal ins Auto setzen, um zu essen und BILD zu lesen. Oder ich nehme mir auf der Baustelle was aus dem Kühlschrank …

MODERATOR: Sie meinen, die Wohnung, in der sie gerade arbeiten …?

PARKETTLEGER: Ich glaube nicht, dass man das noch Wohnung nennen kann, wenn wir drin sind. Deshalb sage ich Baustelle. Aber die Kunden sagen meist nix, viele holen uns ganz schleimig Kaffee und Brötchen, damit nicht alles noch schlimmer wird. Aber davon haben wir ja nichts, dann können wir nicht mit den netten Bedienungen quatschen. Also müssen wir noch zwei, drei Pausen mehr einlegen …

MODERATOR: Ein Teufelskreis! Und dieses Pausenverhalten lässt sich mit Ihrer Arbeit vereinbaren?
PARKETTLEGER: Keine Sorge, die Zeit ist gut berechnet. Okay, im Notfall hängen wir noch ein paar Tage dran und sagen, der Estrich war nicht gut. Oder nass. Oder schief. Wenn das nicht geht, weil wir schon den nächsten Auftrag haben, arbeiten wir halt ein bisschen sportlicher. Fast kein Kunde achtet darauf, ob der Boden schief ist oder sich ein bisschen wölbt. Oder ob irgendwo noch ein Brett locker ist. Ich habe sogar mal den Boden in einem kompletten Zimmer überhaupt nicht ausgewechselt, nur schnell überstrichen, und der Kunde hat es nicht gemerkt. Das war damals, als ich wirklich wenig Zeit hatte, weil wir Latzhosenschnalzen trainiert haben.
MODERATOR: Latzhosenschnalzen?
PARKETTLEGER: Latzhosenschnalzen. Mit vollem Mund beide Träger der Latzhose so weit wegziehen wie es geht und dann schnalzen lassen, ohne zu spucken. Wir wollten damit bei »Wetten Dass« auftreten. Drei Stunden haben wir jeden Tag im Café geübt, ich habe fünf Kilo zugenommen und am Ende waren wir wirklich gut. Aber die feinen Pinkel vom Fernsehen wollten unsere Wette nicht.
MODERATOR: Hm … Schade … Noch mal zu Ihrem Arbeitspensum: Ich dachte immer, Handwerker müssen so viel arbeiten und fangen deshalb morgens schon so früh an …
PARKETTLEGER (lacht): Quatsch. Das ist nur Taktik. Sobald wir da sind, werfen wir ein lautes Gerät an. Den Schleifer, die Stichsäge oder wenigstens den Schlagbohrer. Wenn die Umgebung etwas lauter ist, auch mal zwei Geräte zugleich. Und dazu reden wir laut. Oder rufen. Das machen wir, damit alle wissen: Wir sind da und arbeiten. Dann hat auch keiner was dagegen, wenn wir ins Stehcafé gehen, im

Gegenteil, alle freuen sich. Und wenn wir wiederkommen, machen wir weiter.

MODERATOR: Sie meinen: Sie machen vorsätzlich Lärm?

PARKETTLEGER: So isses. So viel zu bohren oder zu sägen ist nicht. Es gibt also immer Kollegen, die gucken also genau auf die Uhr und sagen: Alle 45 bis 90 Minuten muss ein paar Minuten richtig gelärmt werden und das den ganzen Tag über; gerade die Handwerksverbände achten sehr darauf, dass niemand uns als Berufsgruppe übersehen und überhören kann.

MODERATOR: Und das funktioniert?

PARKETTLEGER: Was meinen Sie, warum es so viele Kinderlieder gibt, die sich mit Handwerkern beschäftigen, aber nicht eins über Büroarbeiter? Büroarbeiter arbeiten still vor sich hin oder bohren in der Nase. Wie soll man da auf sie aufmerksam werden?

MODERATOR: Jetzt, wo Sie es sagen … Und Sie haben keine Sorge, dass sich jemand beschweren könnte, wenn Sie die Ruhezeiten nicht einhalten?

PARKETTLEGER: Okay, wenn wir morgens um sechs die Kreissägen anwerfen, fliegen schon mal die Schlafzimmerfenster zu. So richtig beschwert hat sich noch keiner, irgendwie ist man doch selber schuld, wenn man so lange schläft. Und Ruhezeiten? Was ist das?

MODERATOR: Hahaha, das ist eine rhetorische Frage?

PARKETTLEGER: Rhe… Rhetorisch? Neee, ich glaube nicht an Gott. Dieser Scheiß von wegen man könnte in sieben Tagen einen Großauftrag schaffen!

MODERATOR: Äh, lassen wir das. Sie machen also Lärm mit Ihrem Arbeitsgerät …

PARKETTLEGER: Wir haben auch noch unseren Ghettoblaster, um Lärm zu machen. Irgendwann läuft auch die beste Schleifmaschine heiß. Also ist der Ghettoblaster an. Egal, was gerade kommt, Musik, Werbung, Verkehrsmeldungen. Hauptsache laut.

MODERATOR: Geht Ihnen das nicht auf Dauer auf die Nerven?

PARKETTLEGER: Anderen ja, aber wir tragen ja Hörschutz. Okay, die Volksmusik fand ich anfangs trotzdem grausam, aber die erregt gerade deshalb am meisten Aufmerksamkeit bei den Politikern.

MODERATOR: Bei den Politikern?

PARKETTLEGER: Was meinen Sie, warum Politiker uns Handwerker zu jeder Gelegenheit als Beispiele von ehrlichen, rechtschaffenen, schwer arbeitenden Menschen zitieren? Logisch: Wer Volksmusik hört, denken sie, muss doch ein treudoofer harmoniesüchtiger Wähler sein! Okay, bevor ich's vergesse, es gibt noch einen Nebeneffekt: Je lauter wir das Radio bei der Arbeit aufdrehen, desto kleiner ist die Gefahr, dass jemand will, dass wir zum Nacharbeiten kommen … Waren das alle Fragen?

MODERATOR: Äh – ja, bis jetzt. …Warum?

PARKETTLEGER (steht auf): Ich muss ins Stehcafé. Schicken Sie mir den Text, bevor der in Ihrer Zeitung steht?

MODERATOR: … Äh … äh nein, das ist nicht für die Zeitung. Sie waren, nein: Sie sind! Im Fernsehen! Live!!! Das wussten Sie doch!

PARKETTLEGER (entgeistert): Nein!!!

MODERATOR: Ein … Teufelskreis!

UNSER RAT: Obwohl wir bereitwillig auf eine Prüfung des Wahrheitsgehaltes verzichteten, klingen die in dem Interview getätigten Aussagen für uns absolut nicht unplausibel. Haben

Sie also kein Stehcafé in Ihrer Nähe, ist es zweckmäßig, dieses Café im Vorgespräch zu erfinden und die dortigen Bedienungen in den höchsten Tönen zu loben, damit Ihr Auftrag in Windeseile abgewickelt wird.

Geschäftstipp:
Leben Sie in einer Gegend, in der häufiger Handwerker beschäftigt werden, es aber an Stehcafés mangelt, könnten Sie auch selber eins eröffnen. Achten Sie wegen eventueller Latzhosenschnalzwettbewerbsübungen unbedingt auf eine abwaschbare Wandfarbe!

Psychotipp:
Sofern Sie ein einigermaßen sensibler und feinsinniger Mensch sind, wovon wir ausgehen: Denken Sie lieber zweimal nach, bevor Sie sich das wirklich antun!

6.

Wann Sie kontrollieren sollten und wann nicht. Und wann Sie alles nur noch schlimmer machen

Die wenigsten Menschen, die einen Handwerker beauftragten, haben erlebt, dass die Gesellen am letzten Arbeitstag Besuch vom Meister erhielten. Dass dieser, ein wohlwollender, aber strenger Mann ihr Werk begutachtete, hier und da auf eine Verbesserung drang, durchgeistigt lächelte und wieder ging. Und dass Ihnen am folgenden Tag der neue Garderobenschrank, die frisch geflieste Kellertreppe, Ihr Traumbad nach einem letzten gründlichen Check, vergleichbar dem eines Flugzeugs vor dem Start, mängelfrei übergeben wurde.

Nein, fast niemand erlebt so etwas. Vielmehr läuft es so, dass die Begutachtung des »Werks« – sofern ein so künstlerischer Begriff in diesem Zusammenhang überhaupt angebracht ist – Ihnen als Laie obliegt. Für den ausführenden Betrieb eine sehr ökonomische Lösung, denn vielleicht finden Sie ja keinen der Fehler. Oder vielleicht gehören Sie ja zu den Leuten, die bloß keinen

Ärger machen wollen. Wenn aber doch, versucht der Meister oft genug, Ihnen einzureden, der Mangel sei gar kein Mangel (mehr dazu später).

Aber: Was sollte er auch anderes tun angesichts des traurigen Umstands, dass es im Schnitt so gut wie keine handwerkliche Arbeit ohne Fehler gibt? Statistiken über Kleinreparaturen sind rar und selbstverständlich interessengelenkt, aber der Bauschadenbericht 2008 der Dekra ermittelte bei jedem neugebauten Haus durchschnittlich 32 Handwerkerfehler – und das Ganze mit stark steigender Tendenz: Beim Bauschadenbericht 2007 waren es noch 21 Mängel gewesen.

Verständlich, dass sich der eine oder andere von Ihnen spätestens jetzt fragt, ob man diesen Dienstleistern nicht bei der Arbeit genauestens auf die Finger oder über die Schulter sehen sollte. Oder am besten beides. Dazu müssen wir sagen: Es kommt darauf an.

Stellen Sie sich vor, Sie beginnen in Ihren Mittagspausen und morgens vor Ihrer Arbeit (denn abends treffen Sie keinen Handwerker mehr an) mit Malermeister Kerzigs zwielichtigen fremdsprachigen Helfern, die Ihr Treppenhaus streichen, die eine oder andere Stelle an der Wand zu diskutieren, die nicht ganz gelungen ist. Woraufhin rein gar nichts passieren wird, außer dass Meister Kerzig am Ende diese Diskussionszeiten als »erhebliche Belastung« seiner Mitarbeiter doppelt und dreifach auf die Rechnung aufschlägt. Und obwohl Sie sich bereits vorher den Mund fusselig geredet haben, müssen Sie später bei der Abnahme noch einmal, und womöglich schriftlich, sämtliche fehlenden Übergänge und die völlig unangebrachte Verwendung von grüner statt gelbweißer Farbe im oberen Drittel der hinteren Wand bemängeln.[24] Erst dann hängen Kerzigs Leute, die vorher beharrlich nicht verstehen wollten, zähneknirschend noch zwei Tage dran. Auch für Sie ziemlich unschön, weil Sie bei ihnen wegen des ganzen Auf-sie-Einredens in einer fremden Sprache einen ziemlich unsympathischen Eindruck hinterlassen haben.

Oder aber, Fall zwei, Sie haben Werner Warms kompetentes Team in Ihren vier Wänden zu Gast, denn Sie wollen Ihre Küche ins Wohnzimmer verlegen und in der ehemaligen Küche Ihr Arbeitszimmer einrichten und benötigen dafür überall neue Stromleitungen in den Wänden. Sie nehmen also Urlaub und drei Wochen lang Bachblütentropfen in Bad Wörishofen oder auf Goa und vertrauen darauf, dass Sie bei der Abnahme eventuelle Fehler ganz einfach bemerken werden. Tatsächlich fällt Ihnen bei Ihrer Rückkehr relativ schnell auf, dass Warms Wirrköpfe die Küche elektromäßig nicht ins Wohnzimmer, sondern ins Badezimmer verlegt haben. Was ungut ist. Denn wenn Sie diesen Fehler gleich zu Anfang bemerkt hätten, beispielsweise als die Combo begann, Ihre selber importierten Toskana-Fliesen im Bad abzuschlagen, hätten Sie die cleveren Herren nun nicht weitere vier Wochen auf der Pelle, noch dazu bei leerem Urlaubskonto.

Kurz: Geht es um handwerkliche Unternehmungen mit kleinerem Aufwand oder wenigen zu erwartenden Folgekomplikationen, selbst im schlimmsten Fall (von dem Sie immer ausgehen müssen), kann Kontrolle höchst kontra-

[24] Sicher, es gibt dafür eine einleuchtende Erklärung: Die grüne Farbe war gerade wegen des überzogenen Mindesthaltbarkeitsdatums im Sonderangebot und Kerzigs stummer Schwarzarbeiter wollte Ihnen eine Freude machen. Er vergaß nur, es Ihnen zu sagen – wie auch?

produktiv sein: Was würden denn Sie sagen, wenn bei Ihnen im Büro eines Tages ein Endkunde auftauchen würde? Um sich hinter Sie zu setzen, über Ihre Schulter auf Ihren Computermonitor zu starren und anzufangen, herumzumosern – noch bevor Sie die Chance hatten, Ihren ersten Entwurf zu überarbeiten?[25] Würden Sie sich in dem Fall, wieder vorausgesetzt, Sie sind einigermaßen stolz auf das, was Sie am Computer bewerkstelligen,[26] nicht doch ziemlich ärgern? Und am Ende womöglich auf die Idee kommen, diesen unverschämten Typen, der nicht nur völlig unqualifizierten Unsinn brabbelt, sondern auch noch mit bloßem Finger auf Ihren geheiligten Computermonitor patscht, in der einen oder anderen Form zurückärgern, wenn nicht gar – bestrafen – zu wollen? Sehen Sie. Und wenn Sie das schon so sehen: Warum sollten ausgerechnet Handwerker ausgeglichenere und friedvollere Menschen sein?

Geht es aber um Größeres und Folgenschwereres und gerade dann, wenn Sie sich während der Handwerkerzeit gar nicht in oder an der Stätte des Wirkens aufhalten, sollten Sie vor Kontrollen nicht zurückschrecken. Nur, bitte wählen Sie den richtigen Weg. Aus Angst vor offenen Konflikten verfallen immer mehr Wohnungs- oder Hausbesitzer darauf, heimlich zu kontrollieren, beispielsweise mit versteckten Mikrofonen und Mini-Kameras. Die Aufnahmen lassen sie sich live auf ein paar Computermonitore im Büro oder Hotelzimmer übertragen, vor denen sie dann nägelkauend und mit angehaltenem Atem sitzen, bis die Handwerker Feierabend gemacht haben.

[25] Wir geben zu, der Vergleich hinkt ein bisschen: Für viele Handwerker ist der Job schon mit dem ersten Wurf abgeschlossen.

[26] Wir geben noch einmal zu: Der Vergleich hinkt auch hier.

Eine zweischneidige Sache. Nicht nur, weil Sie damit Ihre Nerven schon vollends ruinieren, noch bevor die Arbeiten fertig sind, sondern auch, weil Sie, wenn etwas schief läuft, den Männern doch von Angesicht zu Angesicht gegenübertreten müssen. Es sei denn, Sie versuchen Ihre Kritik gleich über ebenfalls versteckte Lautsprecher anzubringen. Mit diesem Deus ex machina-Prinzip lassen sich zwar sehr schnell erste Überraschungserfolge verbuchen. Doch da es, für viele Auftraggeber eine Überraschung, unter den vorgeblich so raubeinigen Handwerkern viele sehr empfindliche (nicht: sensible!!!) Naturen gibt – zumindest aber Naturen, die es verstehen, diese Empfindlichkeit gezielt einzusetzen – ist die Gefahr groß, dass man Ihnen sehr schnell vorwirft, ehrlichen, hart arbeitenden Fachleuten aus niedersten Beweggründen hinterherzuspionieren.

Falls man gar Ihre Minikameras findet – immer mehr Firmen haben zu diesem Zweck hochempfindliche Detektoren aus dem Spionagebedarf dabei – wird das Ganze für Sie noch wesentlich unangenehmer. Viele Handwerker müssen sich in diesen Zeiten nach neuen lukrativen Einnahmequellen umsehen und im Nu haben Sie eine Klage wegen schweren Eingriffs in die Persönlichkeitsrechte oder gar wegen mutmaßlicher sexueller Perversionen aller Art am Hals. Sofern es ein besonders Empfindsamer nicht für ratsam hält, Sie gleich niederzuschlagen.

Deutlich sympathischer kommt es an, wenn Sie mit offenen Karten spielen. Also immer wieder mal freundlich grüßend und ein paar joviale Worte über das Wetter und über das neueste Stehcafé wechselnd hereinschneien. Und bei der Gelegenheit beiläufig die eine oder andere zielführende Bemerkung machen: »Ach, nur, falls Sie es vergessen haben: Die Küche, also der Raum, in dem Sie die Leitungen ändern sollen, ist nicht hier vorne, sondern da hinten, das Zimmer mit dem Herd!«

Möglicherweise sind solche halbtherapeutischen Auftritte nicht Ihre Stärke. Schon gar nicht, wenn Sie die ganze Veranstaltung schon teuer genug bezahlen und keine Zeit haben, Handwerker-Nanny zu spielen. Oder nicht dafür garantieren können nicht handgreiflich zu werden, falls einer dieser Hohlköpfe auch nach dem dritten Hinweis, dies sei NICHT die Küche, stoisch anfängt, die Fliesen im Badezimmer abzuschlagen.

Außerdem geht es in der Tat nicht immer nur um so einfache Dinge wie die Frage, was eine Küche von einem Badezimmer unterscheidet. Von der geeigneten Höhe von Steckdosen und Lichtschaltern, der idealen Führung einer Starkstromleitung und dem intelligenten Einsatz von Stromkreisen und Wechselschaltern haben Sie aber leider nicht die geringste Ahnung, ja, Sie haben all das schon in der Schule furchtbar gehasst. Keine Sorge, dafür gibt es eine Lösung, die sich vor allem dann lohnt, wenn Sie richtig umbauen oder bauen: Engagieren Sie einen Baufachmann. Einen, der sich wirklich auskennt, der jedes Wochenende oder jeden zweiten Handwerker-»Abend« den (Um-)bau-Fortschritt inspiziert, die Firmen per Fax unmissverständlich auf Fehler hinweist und deren sofortige Behebung verlangt. Natürlich, dafür müssen Sie Geld hinlegen. Aber haben Sie Zeit und Lust, gegebenenfalls Ihren Job zu kündigen und ein halbes Jahr lang auf einer Baustelle zu verbringen?

Außerdem, der Einsatz eines Experten hat einen wichtigen psychologischen Vorteil: Die Handwerker hassen und fürchten den Fachmann, beziehungsweise dessen Faxe, innerhalb kürzester Zeit so abgrundtief, dass sie selbst die Pausen im Stehcafé deutlich einschränken und immer sorgfältiger, sprich: besser arbeiten. Sie hingegen können weiterhin unbesorgt als jovial lächelnder und beliebter Grüßaugust auftreten.

UNSER RAT: Gerade bei größeren Arbeiten gilt das alte Sprichwort vom Vertrauen und der Kontrolle. Wer hier früh Schadensbegrenzung praktiziert, hat nachher weniger Ärger. Verlassen Sie sich dagegen allzu vertrauensselig auf Handwerker, schweben Sie in Gefahr, in einen – sagen wir ruhig – Teufelskreis zu geraten. Denn selbst wenn Sie recht haben, nicht jeder Fehler lässt sich im Nachhinein wieder beheben.

Psychotipp:
Bemühen Sie sich, trotz alledem nicht paranoid zu werden, das ist ungesund. Einen Kontrolleur für den Kontrolleur zu engagieren kann beispielsweise schon stark neurotisch sein – obwohl man dieses letzte Mittel bei berechtigtem Misstrauen nicht völlig ausschließen sollte. Denn was wäre ein paradiesischerer Zustand für eine skrupellose Handwerksfirma, als mit einem Experten zusammenzuarbeiten, der vorgeblich auf der Seite des Auftraggebers ist, sein exorbitantes Honorar in Wirklichkeit aber kichernd mit Firma Pfusch und Söhne teilt?

Nur zur Sicherheit: Verlässliche und seriöse Experten bekommen Sie beispielsweise über Verbraucherzentralen oder Haus- und Grundbesitzerverbände.

7.

Wenn die Handwerker fertig sind, zumindest vorerst: Worauf Sie jetzt achten sollten

Irgendwann endet alles, auch die größte Qual. In der Wohnung Ihres Nachbarn, in die Sie sich geflüchtet haben, nehmen Sie eines Tages zitternd die Stöpsel aus Ihren Ohren – und hören endlich nichts mehr. Oder in dem Hotel, das Sie als Exil gewählt haben, erreicht Sie ein Anruf, in dem jemand aus Ihrer Nachbarschaft behauptet, er oder sie habe gerade die Handwerker für immer abrücken sehen. In ganz seltenen Fällen wird sich auch ein Handwerker selber bei Ihnen melden, um Ihnen zu sagen, dass alles vorbei ist, allerdings erst zwei, drei Tage später, wenn Sie die auf dem, was einmal der Küchentisch war, hinterlassene Rechnung noch nicht überwiesen haben.

Natürlich brennen Sie nun darauf, sich sofort ein Bild zu machen von dem, was geschehen ist. Aber seien Sie vorsichtig! Denn, das sollte Ihnen bewusst sein, Sie betreten nicht Ihre Wohnung, Sie betreten einen Tatort. Sicher, es geht nun darum, möglichst viele der Fehler zu finden, die die Kerle gemacht haben (mehr dazu weiter unten). Aber erst einmal müssen Sie heil wieder in Ihre Wohnung kommen. Also, ohne dass Ihnen etwas zustößt.

Das glauben Sie nicht? Sie lachen sogar?

Lesen Sie die tragische Geschichte von Edgar Ellen, in dessen Wohnzimmer nur ein paar neue Fensterstöcke eingebaut werden sollten.

Versteckte Fallen und andere grausige Hinterlassenschaften: Edgar Ellen und der Leuchter des Schreckens

Die Nachbarn der Niedertracht

Ein kalter Wind wehte, als Edgar Ellen, die Reisetasche mit seinen Habseligkeiten in der Hand, den engen Innenhof betrat und den Blick nach oben richtete, in den sechsten Stock, dort, wo seine Wohnung lag.

Ihn fröstelte unwillkürlich. Ihn fröstelte noch mehr, als ihm ein Nachbar in den Weg trat, der nicht daran dachte, auf seinen freundlichen Gruß zu antworten, sondern in seine Richtung spuckte. Der zweite packte ihn am Kragen und sagte heiser: »Acht durchwachte Nächte, du Schwein, acht durchwachte Nächte, in denen deine Handwerker ihren Ghettoblaster die ganze Zeit laufen ließen!«. Ellen keuchte eine Entschuldigung, riss sich los, umrundete den frischen Müllhaufen in der Hofmitte, in dem er seinen vormals teuren Orientteppich und ein paar seiner Lieblingsbücher erkannte, ignorierte das, was ihm die Nachbarn wegen illegaler Müllentsorgung und dem Hinzuziehen der Polizei hinterherschrieen und öffnete die unheilvoll quietschende Haustür.

UNSER RAT: Legen Sie Wert auf ein gutes Verhältnis zu Ihren Nachbarn, bereiten Sie sie auf lärmintensive handwerkliche Arbeiten vor. Vergessen Sie nicht, auch die Handwerker zu bitten, Rücksicht zu nehmen. Und machen Sie bei größeren Arbeiten ein Fest für alle Lärm-Betroffenen – bevor es losgeht!

Der Flur der Furchtbarkeit

Als Edgar Ellen außer Atem seine Wohnungstür erreichte, stand sie sperrangelweit offen. Das heißt, es sah so aus. Denn als Ellens rechte Hand beim Eintreten nach dem Griff tastete, um die Tür hinter sich zuzuziehen, neigte sich die Tür, die in Wirklichkeit ausgehängt worden war, nach vorne und donnerte krachend zu Boden, nur ein paar Zentimeter hinter ihm. Edgar Ellen taumelte nach vorne und fingerte panisch nach dem Lichtschalter. Kaum hatte er ihn berührt, durchzuckte ihn ein elektrischer Schlag, denn der Stromkreislauf war des Ghettoblasters wegen kurzerhand überbrückt worden. Der Schlag schleuderte den aufheulenden Edgar Ellen in die Tiefen seines vormals hellen, jetzt aber stockdunklen Flurs – und seine Reisetasche mit. Zu seinem Glück. Denn knapp zwei Meter weiter, dort wo der Flur am stockdunkelsten war, lauerte die dritte Falle: Eine nagelneue, zurückgelassene Trittleiter, auf der exakt in Ellens Augenhöhe und in Richtung der Eingangstür zwei lange spitze Metallstangen lagen. Welchen Zweck diese Anordnung ursprünglich erfüllen sollte, ist unklar.[27] Nun aber durchbohrten die spitzen Metallstäbe die vorausfliegende Reisetasche statt Edgar Ellens Augen. Er selber prallte knapp neben der tödlichen Trittleiter an die Wand, genau dort, wo der große Eimer mit Resten eines Holzklebers stand. Diese Reste hatten genau zum Zeitpunkt von Ellens Eintreffen eine Konsistenz erreicht, die der von Schlamm glich. Klebrigem Schlamm, der den rechten Fuß des strampelnden Ellen mit einem schmatzenden Geräusch umschlang und festhielt. Es nützte wenig, dass der nach vorne kippende Ellen mit der rechten Hand noch reflexartig versuchte, nach dem schweren gusseisernen Schirmständer zu greifen, der bislang immer hier gestanden hatte. Denn der stand noch als Handwerker-Pinkelbecken im Wohnzimmer.

Das Wohnzimmer des Wahnsinns

Haltlos, einen Fuß im Eimer, durchbrach Edgar Ellen mit einem gellenden Schrei das Glas der Wohnzimmertür und stürzte mit solcher Wucht ins Zimmer, dass sein Fuß aus dem Eimer rutschte, er einen Überschlag absolvierte und sein rechter Arm brach, bevor der mit Holzkleber verklumpte Fuß in einen Spalt im Fußboden fuhr und sich festkeilte. Ein Spalt, der, soweit sich Ellens Gehirn erinnerte, vorher dort nicht gewesen war, und welchen Zweck er nun im Hinblick auf sechs

[27] Sie könnten nun argwöhnen, es handle sich um einen perfiden Attentatsversuch enttäuschter Handwerker. Das aber ist ausgeschlossen, denn Edgar Ellen hatte zu diesem Zeitpunkt die neuen Fenster noch gar nicht abgenommen, die Rechnung folglich noch nicht bezahlt. Also liegt der tückischen Fallenanordnung vielmehr große Dummheit zugrunde – sofern Sie nicht von etwas ganz anderem, nämlich einem in letzter Minute abgebrochenen Selbstmordversuch eines der beteiligten Fensterbauer ausgehen wollen. Diese Vermutung drängte sich Ermittlern der Polizei tatsächlich schon öfters auf, wenn Heimgekehrte in ihrer Wohnung noch in selbst konstruierten Fallen zappelnde Handwerker vorfanden. Doch die Ursache war am Ende niemals Todessehnsucht auf Seiten der Fachleute, sondern stets simples Ungeschick. Und, auch interessant, in etwa 20 Prozent der Fälle handelte es sich um spontane Mordversuche verfrüht heimkehrender, über den Zustand der Wohnung extrem aufgebrachter Kunden.

neu eingesetzte Wohnzimmerfenster erfüllen sollte, war äußerst schleierhaft.[28] Doch er hatte leider nur noch wenig Zeit, darüber nachzudenken: Sein schwerer antiker Kronleuchter, während der Handwerksarbeiten als Kleiderständer und Reck benutzt und deshalb tiefer als vorher und nur noch an einem einzigen, halb durchgerissenen Draht hängend, war heftig ins Schwingen gekommen. Und schwang noch immer, ein unheilvoll klirrendes Pendel aus 250 Kilo Metall und Glas, knapp zwei Meter über seinem Kopf. Und bei jeder Schwingung hörte der wie eine hilflose Marionette mit verdrehten Gliedern auf dem Rücken liegende Edgar Ellen den Draht des Leuchters ein winziges Stück mehr reißen …
Die ganze missliche Sache ersparte ihm am unerfreulichen Ende wenigstens den Anblick der unbeschreiblichen Dinge, die man unter seinem Bett hinterlassen hatte und die Mäusejagd in der Küche.

Und natürlich den ganzen Ärger mit der Abnahme.

UNSER RAT: Der obige Text konnte natürlich nur ein paar Anhaltspunkte für mögliche Gefahrenquellen liefern. Jedem unterdurchschnittlich kreativen Handwerker werden mindestens drei oder vier weitere Fallen pro Zimmer einfallen. Seien Sie also äußerst vorsichtig, wenn Sie Ihre Wohnung nach einem Handwerkereinsatz betreten. Am besten, Sie kommen mit starken Taschenlampen, Augenschutzbrillen und dem Technischen Hilfswerk.

[28] Woher sollte er auch wissen, dass den Fensterbauern genau hier eins der Fenster aus den Händen gerutscht war und den Fußboden glatt durchschlagen hatte? Die Männer waren allerdings in der Hoffnung gegangen, angesichts all der anderen Fallen würde Ellen dies gar nicht mehr bemerken können.

Psychotipp:

Der Partner, der Sie unter diesen Umständen alleine in eine Wohnung gehen lässt, ist kein guter Partner! Andererseits: Wenn Sie Ihren Partner lieben, wovon wir ausgehen – würden Sie ihn/sie unter diesen Umständen zusammen mit Ihnen eine solche Wohnung betreten lassen? Ein Dilemma, aus dem es nur einen Ausweg gibt: Holen Sie den schuldigen Handwerker unter einem Vorwand her. Und bitten Sie ihn scheinheilig, vorzugehen.

Abgenommen, mitgefangen, mitgehangen

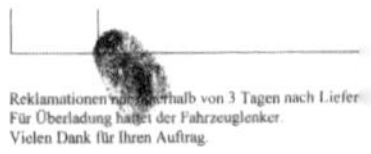

Wer zu früh bezahlt, ist selber schuld

Rechtlich ist die Sache mit der Abnahme ganz einfach: Ist ein Handwerker fertig oder behauptet dies, vereinbaren Sie gemeinsam einen Termin, um zu begutachten, was er zustande gebracht hat. Ist alles in Ordnung, können Sie Entsprechendes unterschreiben, wenn der Handwerker es Ihnen unter die Nase hält und umgehend das Geld überweisen. Gefällt Ihnen – oder dem Fachmann, den Sie gegebenenfalls tunlichst dabei haben sollten! – etwas nicht, sagen Sie dies. Noch besser, Sie sagen es UND schicken dem Handwerker zugleich einen eingeschriebenen Brief gleichen Inhalts. Wichtig: Sie sollten nicht nur schreiben, dass Ihnen der eingebaute Flurschrank nicht so gut gefällt, weil sich beide Türen nicht schließen lassen, Sie tun auch sehr gut daran, eine Frist zu setzen, bis wann die Türen so funktionieren sollen wie geplant.

Das ganze Prozedere vereinfacht sich natürlich stark, wenn der Handwerker lediglich Ihre Waschmaschine oder den Fernseher repariert hat und Ihnen sofort zeigen kann, ob die Programmwahl nun wieder funktioniert oder nicht. Sich angucken sollten Sie das aber auf jeden Fall, und das gut: Übersehen Sie sehr offensichtliche Dinge, etwa dass Ihre Waschmaschine nun von den Fußtritten des cholerischen Monteurs sehr unschön verbeult ist, dass das Badezimmerwaschbecken versehentlich im Schlafzimmer montiert wurde oder dass es nun einen großen bogenförmigen Wanddurchbruch zwischen Küche und Gästetoilette gibt, ist es deutlich komplizierter mit der Reklamation.[29]

Richtig schwierig wird es zudem, wenn Sie, obwohl der Handwerker noch einmal nacharbeiten muss, auf dessen Bitten oder Drohen hin oder aus falsch verstandener Mitmenschlichkeit trotzdem schon seine Rechnung überweisen, oder, womit auch der Steuervorteil dahin wäre, an Ort und Stelle bar bezahlen (am besten noch ohne Quittung ...). Denn damit geben Sie das einzige Druckmittel aus der Hand, das Sie haben: Denken Sie ja nicht, dass der gemeine durchschnittliche Handwerker Sie, beziehungsweise Ihre Nachbesserungswünsche noch für voll nimmt, NACHDEM Sie bezahlt haben.[30]

[29] Für Mängel, die bei der Abnahme nicht erkennbar waren, also etwa die undichte Toilettenleitung in Ihrer Schlafzimmerwand, gelten im Zweifel die gesetzlichen Mindestfristen: zwei Jahre auf Material und fünf Jahre auf Bauleistungen.

[30] Falls Ihnen in diesem Zusammenhang zufälligerweise der 80er-Jahre-Hit von Chris de Burgh, »Don't pay the Ferryman« einfällt: De Burgh, das behauptet zumindest sein absolut nicht autorisierter Möchtegern-Biograf Fritz-Peter Mampf aus Hamm, ließ sich zu diesem Song, ganz anders als vielfach angenommen, von der äußerst unterdurchschnittlichen Arbeit eines Bootbauers inspirieren. Dieser habe ganze 16 Mal den – erfolglosen – Versuch unternommen, das Segelboot des Sängers dicht zu bekommen. Irgendwann habe der unfähige, aber sehr kräftige Handwerker sogar begonnen, de Burgh bei den Probefahrten zu bedrängen, er wolle, Leck hin oder her, augenblicklich sein Geld. Für de Burgh, der vollauf damit be-

Schlimmstenfalls steckt er das Geld ein, dreht sich mitten in Ihrem Satz um und geht grußlos, ohne auf Ihr Bitten und Flehen zu hören. Bestenfalls schiebt er den Termin für die Nachbesserungen ein- ums andere Mal immer weiter heraus und das jahrelang – in der Hoffnung, Sie gewöhnen sich irgendwann so an den stockdunklen Flur, dass Sie die Angelegenheit mit den versehentlich gestrichenen Fensterscheiben vergessen und in der Nische eine Madonnenstatue aufstellen.[31] Auch sollten sie keinesfalls irgendetwas, den Handwerker Entlastendes, unterschreiben, sofern Sie noch Reklamationen haben, oder aber nur mit entsprechendem Vermerk.

Sie glauben das nicht? Sie halten es für moralisch fragwürdig, nicht zu bezahlen und noch dazu hat Meister Hastig doch sein Wort gegeben? Haben Sie sich noch nie gewundert, warum an so vielen Neubauten Elektroleitungen aus den Außenwänden ragen wie kleine Antennen, und das oft jahrelang? Dies liegt daran, dass die frischgebackenen Neubaueigentümer die Rechnung des Elektrikers wie alle anderen Handwerkerrechnungen treudoof sofort nach Beendigung der Arbeiten beglichen haben. Zumal der Geselle die Leitungsabdeckungen sowieso noch in der nächsten, spätestens übernächsten Woche vorbeibringen und anmontieren wollte …

schäftigt gewesen sei, das Leck mit beiden Händen zuzuhalten, keine erquickliche Situation. So habe der Sänger in seiner Not den Fall als Song öffentlich gemacht.

[31] Sie werden vielleicht lachen, aber die Zahl der Leute, die selbst so etwas auf sich beruhen lassen, weil ihnen die gesamte Abgelegenheit furchtbar peinlich ist, ist verblüffend hoch. Um dies mit der rückläufigen Zahl der Kirchenaustritte in Verbindung bringen zu können, fehlen allerdings noch verlässliche Zahlen.

UNSER RAT: Sie wollen trotzdem gleich bezahlen, der Kinder des Meisters, seines alten Autos und seiner drückenden Hypotheken wegen? Sie werden schon sehen, was passiert.

Psychotipp:
Fällt es Ihnen schwer, derart hartherzig aufzutreten, überlassen Sie das Reden ruhig auch einem Experten, dem Sie vertrauen. Aber nicken Sie eisern dazu!

„Normal ist das dicht"

Warum Tölpel-Bangblick Sie bei der Abnahme für dumm verkauft

Über Handwerker kann man vieles sagen. Aber nur in Ausnahmefällen, dass sie wirklich furchtbar dumm sind. Diese Ausnahmefälle häufen sich regelmäßig bei der sogenannten Abnahme. Dann nämlich, wenn jeder Fehler so gut es geht verdrängt, negiert oder geleugnet wird, um ja nicht nachbessern zu müssen.[32] Mitunter wird hier noch größeres Theater gespielt als beim Auftritt vor der Auftragsvergabe; wir gehen davon aus, dass die Umsätze einschlägiger Seminaranbieter in diesem Bereich fantastisch sein müssen.

Nehmen wir etwa eine Begegnung mit Manfred Tölpel-Bangblick, den Mann, der sich und seine traurigen Gesellen zum Dumpingpreis für den Bauträger Thorben Kamm

32 Handwerkerkritiker sind der festen Überzeugung, der Begriff »Abnahme« beziehe sich in Wirklichkeit nicht auf die rechtswirksame Abnahme der eingebauten Küche oder der neuen Bodentreppe, sondern darauf, ob der Auftraggeber dem Handwerker dessen absurde Schutzbehauptungen »abnehme«, also tatsächlich glaube.

versklavt. Das geht so: Kamm beauftragt auch bei seinen nächsten 20 Wohnungen für die Installation von Frisch- und Abwasserrohren die Firma Tölpel-Bangblick. Und im Gegenzug zeigt sich Tölpel-Bangblick unbedingt solidarisch. Dazu gehört auch, in folgendem Fall keineswegs zuzugeben, dass die Muffe, mit der er das Abwasserrohr des Designerwaschbeckens befestigt hat, viel zu groß ist und das Rohr kein bisschen abdichtet. Eine andere Muffe hat Tölpel-Bangblick aber nicht dabei, also müsste er irgendwann wiederkommen und eine neue installieren. Aber das würde sowohl seinen als auch Thorben Kamms eng gestrickten Zeitplan erheblich durcheinanderbringen: Weder hier noch da ist nämlich Zeit für einen Nachbesserungstermin vorgesehen.

Also hat Tölpel-Bangblick, Profi, der er ist, irgendeinen in Greifweite befindlichen Lumpen[33] in Streifen geschnitten und zwischen Rohr und Muffe gestopft. Sein Plan: Bis der Stoff sich vollgesogen hat, wird das Wasser noch abfließen, ohne dass es aus dem Rohr tropft. Und danach wird Tölpel-Bangblick die Wohnung längst verlassen haben. Doch dummerweise ist das Misstrauen des Kunden, der gerade dabei ist, die Wohnung zu erwerben, gerade schon durch ein anderes Detail geweckt worden: Im Gästebad sitzt der Wasserhahn so tief über dem superflachen Becken, dass zum Händewaschen kaum noch ein kleiner Finger darunter passt, geschweige denn auch nur eine Hand.[34] Die Diskussion war für beide Seiten sehr mühsam, ebenso Tölpel-Bangblicks vergebliche Versuche, den 600 Euro teuren Hahn mit roher Gewalt ein Stück nach oben zu biegen.

---

[33] Es handelte sich um ein Smokinghemd, das offensichtlich zu Zwecken wie diesem gut erreichbar auf dem Balkon der Nachbarwohnung hing.

[34] Eine Kombination, die sonst nur bei englischen Hotelwaschbecken und in Ansätzen beim Buchscharner Seewirt am Starnberger See vorzufinden ist.

Und so lässt der Kunde im zweiten Bad das Wasser länger laufen, als er es unter anderen Umständen getan hätte. So lange, bis der Lumpen sich vollgesogen hat und Wasser durchlässt.

KUNDE: Moment, da tropft es, oder?

TÖLPEL-BANGBLICK reagiert nicht.

KUNDE: Ja, das ist Wasser. Aus dem Rohr da läuft Wasser.

TÖLPEL-BANGBLICK reagiert kein bisschen.

KUNDE: Hören Sie mich? Sehen Sie das Wasser hier?
TÖLPEL-BANGBLICK: Nein.

Er betrachtet angelegentlich und scheinbar sehr interessiert den polierten Griff des Badezimmerfensters.

KUNDE: Sie sagen, Sie sehen das nicht? Aber alles ist nass!!!
TÖLPEL-BANGBLICK: Ich sehe nichts. Ich habe in ein paar Minuten den nächsten Termin …
KUNDE: Sie sehen das nicht? (patscht mit dem Fuß in die Lache) Gucken Sie doch mal her: WASSER! Oder wollen Sie behaupten, das sei nichts?!
TÖLPEL-BANGBLICK: Ach das. Das ist nur noch etwas feucht, das gibt sich. Wenn Sie den Wasserhahn wieder zudrehen.

Der KUNDE dreht den Wasserhahn wieder zu. Tatsächlich, es tropft nicht mehr. Der KUNDE überlegt.

KUNDE: Aber das kann keine Lösung sein. Man muss das Wasser ja anstellen können. Beheben Sie das bitte.
TÖLPEL-BANGBLICK: Nicht nötig. Da ist nur noch ein bisschen Restwasser in der Leitung. Das hört von alleine auf. Wenn wir dann hier fertig sind …
KUNDE: Moment, bleiben Sie bitte hier. Ich glaube nicht, dass das in Ordnung ist.

Er dreht das Wasser erneut auf. Unten rinnt es wieder aus dem Rohr.

KUNDE: Sehen Sie, da kommt immer mehr Wasser.
TÖLPEL-BANGBLICK: Ich mache seit 40 Jahren Installationen und bis jetzt hat sich noch nie jemand beschwert!

Das ist glatt gelogen, das weiß Installateur TÖLPEL-BANGBLICK genau, aber es gibt immer wieder Dumme, die sich von diesem uralten Spruch beeindrucken lassen. Doch dieser Kunde gehört nicht dazu.

KUNDE (scharf): Also jetzt mal fürs Protokoll: Da unten läuft Wasser raus, wenn man den Hahn oben aufdreht. Wasser, das bereits Ihren rechten Schuh durchnässt hat und meinen linken. Zum letzten Mal: Wollen Sie leugnen, dass hier Wasser rauskommt?

Er zückt sein Handy, das eine Fotokamera enthält. TÖLPEL-BANGBLICK ist etwas konsterniert. In den vorigen Gesprächen war der Kerl immer freundlich gewesen, ein studiertes Weichei, das man über den Tisch ziehen kann und das einem trotzdem noch ein Trinkgeld gibt, weil sich das so gehört. Und nun macht der Knabe ernsthafte

Probleme. Also besinnt sich der Installateur auf die Tipps aus dem Intensivseminar »Richtig mit Reklamationen umgehen«.

TÖLPEL-BANGBLICK: Ich kann nicht ausschließen, dass es sich um Wasser handelt. Wobei überhaupt nicht klar ist, woher es stammt.
KUNDE: Wie bitte? Sie wollen sagen, dass es nicht aus dem Rohr kommt, das Sie installiert haben?
TÖLPEL-BANGBLICK: Das ist unwahrscheinlich. Normal ist das dicht!
KUNDE: Oder aus dem Anschluss?
TÖLPEL-BANGBLICK: Normal ist der dicht!
KUNDE: Ist ja auch völlig egal woher. Sie haben das installiert und ich bitte Sie noch mal, das zu beheben.

TÖLPEL-BANGBLICK beugt sich kurz leicht nach vorne und dreht an der Anschlussmuffe herum. Natürlich vergeblich, wie er selber weiß, denn die Muffe ist wie gesagt so groß, dass das Gewinde gar nicht greift. Nach etwa fünf Drehungen richtet er sich wieder auf. Der KUNDE dreht das Wasser an. Erwartungsgemäß hat sich nicht das Geringste am Ursprungszustand geändert.

TÖLPEL-BANGBLICK (in zufriedenem Tonfall, auch das zieht bei manchen Kunden): So! Sehen Sie!

Er will gehen.

KUNDE: Was sehe ich??? Das ist doch noch genauso wie vorher!

TÖLPEL-BANGBLICK wirft ihm einen genervten Blick zu, beugt sich wieder vor und dreht noch zwei weitere Male an der Muffe. Das Ergebnis ist – kaum überraschend – dasselbe wie eben.

KUNDE (entnervt): Es hat sich NICHTS geändert! Der ganze Boden ist schon nass!
TÖLPEL-BANGBLICK: Also, ich habe nun zweimal nachgearbeitet und Sie sind immer noch nicht zufrieden!
KUNDE: Mehr können Sie nicht machen? Zum Beispiel ein neues Rohr einbauen?

Aber genau das ist es ja, was der Installateur nicht will. Nicht darf. Nicht wollen darf. Also wählt er den Ausweg, den der Seminarleiter als »Exit-Strategie für Problemfälle« empfahl.

TÖLPEL-BANGBLICK: Tut mir leid, ich fürchte, ich kann Ihnen nicht weiterhelfen!

KUNDE schnappt nach Luft.

TÖLPEL-BANGBLICK: Außerdem sind alle Anschlüsse, Armaturen, Rohre und sonstigen Installations-Teile für den Normalgebrauch gedacht. Nicht für intensivste übermäßige Nutzung. Ich kann Ihnen versichern, dass Sie bei normaler, sachgemäßer Nutzung dieses Waschbeckens keine Probleme haben werden.
KUNDE (verdutzt): Was heißt – normale Nutzung?
TÖLPEL-BANGBLICK: Ganz einfach. Das ist ein Badezimmer. Und Sie sind Single, richtig?
KUNDE: Was spielt das für eine Rolle?

TÖLPEL-BANGBLICK: In einer Singlewohnung mit Normalnutzung ist die Wassertechnik nach DIN darauf ausgelegt, dass Sie ein Waschbecken im Bad zweimal am Tag benutzen: einmal morgens, einmal abends. Sie waschen sich, Sie putzen die Zähne, Sie waschen sich die Hände. Vielleicht rasieren Sie sich noch. Macht zusammen jeweils höchstens fünf bis sieben Minuten, in denen das Wasser läuft, eher weniger. Dazu kommt noch, wenn's hochkommt, eine Minute am Tag fürs Händewaschen – sofern man nicht neurotisch ist. Sie aber haben das Wasser, seit wir hier stehen, schon weit über zwölf Minuten laufen lassen. Dass der Abfluss bei dieser hohen Beanspruchung anfängt zu tropfen, ist kein Wunder! Sie sollten außerdem heilfroh darüber sein: Wasser ist ein kostbares Gut und dieser Hinweis hilft Ihnen künftig beim Sparen …

Es war für TÖLPEL-BANGBLICK gar nicht einfach, diese Passage auswendig zu lernen, zumal er ein strikter Wasserspargegner ist. Er hat sie aber schon so oft zu seiner Entlastung heruntergebetet, dass sie ihm mittlerweile ziemlich glaubwürdig über die Lippen kommt.

KUNDE: Sie machen wohl Witze! Das ist doch völlig absurd! In meiner Wohnung muss ich das Wasser doch so lange laufen lassen können, wie ich will, ohne dass es aus dem Rohr anfängt zu tropfen!
TÖLPEL-BANGBLICK: Wenn Sie so ein extremer Intensivnutzer sind: Warum nehmen Sie nicht zwischendurch zur Entlastung der Technik den Wasserhahn im Gästebad – oder den Wasserhahn in der Küche …
KUNDE: Bitte, gehen Sie jetzt. Gehen Sie!
TÖLPEL-BANGBLICK: Wenn Sie eben noch mal hier unterschreiben, dass alles in Ordnung ist …

KUNDE: Raus! Es reicht! GEHEN SIE JETZT SOFORT!

Also noch mal: Unterschreiben Sie bei Mängeln nicht, dass alle Arbeiten zu Ihrer Zufriedenheit ausgeführt worden seien und bezahlen Sie nicht, oder zumindest nur einen angemessenen Teil der Rechnung, bis Ihr freundlicher Handwerker die Sache hingekriegt hat. Sonst müssen unter Umständen später SIE vor Gericht beweisen, dass etwas nicht in Ordnung war.

UNSER RAT: Haben Sie das Gefühl, es könnte etwas nicht in Ordnung sein, wissen es aber nicht, verschieben Sie lieber die Abnahme und holen Sie sich erst mal für 100 Euro einen Gutachter ins Haus, bevor Sie die nächsten 20 Jahre nur noch durch die Wohnung schleichen, weil das neue Parkett noch viel schlimmer knarrt und federt als das uralte, das vorher drin war.

Psychotipp:

Seien Sie, auch wenn Sie sonst ein freundlicher Mensch sind, im Zweifel nicht allzu freundlich zu Handwerkern. Es gibt leider immer noch zu viele, die mit so etwas nicht umgehen können. Die zu nettes Grüßen, freundliche Worte oder gar Kaffeeholen als Schwäche oder Dummheit Ihrerseits oder beides auslegen und davon ausgehen, dass Sie mithin ein leichtes Opfer in jeder Hinsicht sind. Nein, zu unfreundlich sollten Sie auch nicht sein, sonst wirkt das auf empfindliche Handwerkergemüter arrogant. Am besten, Sie gucken sich ein paar alte Western mit John Wayne an: Der kernige Umgangston, der dort in Abwesenheit von Frauen gepflegt wird, dürfte als Dialogansatz ganz geeignet sein.

Geht nicht gibt's immer: Die Top-Ten-Ausreden der Handwerker

Wer die Entschuldigungen und Ausflüchte, mit denen Installateure, Tischler, Fliesenleger, Elektriker und Co. ihre fruchtlose Arbeit kaschieren, schon vorher kennt, kann sich besser darauf einstellen. Hier die Sprüche, die am häufigsten kommen – und was sie bei unvorbereiteten Kunden bewirken.

»Das machen wir immer so!«
Bei dieser Aussage knicken bereits etwa 65 Prozent derer ein, die sich über Handwerker-Arbeit beschweren. Denn wenn ein Fachmann schon immer beim Abnehmen der Rückwand des Fernsehers die Plastikverschlüsse abgebrochen hat, dann kann das doch nicht falsch sein.

»Das wollten Sie doch so!«
Eine unverschämte Lüge, die gerne verwendet wird, wenn das Gegenteil dessen getan wurde, was Sie wollten, es aber keine schriftliche Absprache gibt.

»Gestern haben Sie noch das Gegenteil gesagt!«
Die noch etwas unverschämtere Variante des obigen Spruchs, die gerne bei Älteren zur Anwendung kommt und latent eine gewisse Verwirrung des Auftraggebers unterstellen soll. Offenbar immer wieder mit Erfolg.

»Das wollte Ihre Frau so!«
Hier versucht man, einen Keil zwischen Partner zu treiben, vor allem dann, wenn es so aussieht, als herrschten im Auftraggeberhaushalt klischeehafte Rollenbilder vor – Frau hat keine

Ahnung von Technik, also auch nicht von der richtigen Fliesenfarbe im Bad – oder als herrschten sonstige Differenzen und/oder Spannungen. Und wo gäbe es zumindest die, nach dem Auftauchen eines oder mehrerer Handwerker, nicht?

»Das ist alles im Toleranzbereich!«
Bei dieser Variante wird zwar nicht behauptet, es sei alles in Ordnung. Es wird aber unterstellt, es gebe einen gewissen, offiziell erlaubten Spielraum von, sagen wir zwei Zentimetern, die ein frisch eingehängtes Fenster zu kurz sein dürfe. Eigentlich eine fantastische Vorstellung. Haben SIE eine solche Ausrede schon mal gegenüber Ihrem Chef verwendet?

»Das stellt sich von alleine ein!«
Der kaltblütige Versuch, gerade das unerfahrene Gegenüber glauben zu machen, das Phänomen, dass aus dem Kaltwasserhahn heißes Wasser kommt und aus dem Heißwasserhahn kaltes, verschwinde in absehbarer Zeit von selbst.

»Das ging nicht besser, sonst wird es noch teurer!«
Diese Formulierung wird meist erst nach einiger Zeit vorgebracht, denn sie beinhaltet tatsächlich ein ganz leichtes Eingeständnis – nicht persönlicher Schuld, aber allgemeiner Unvollkommenheit. – Obwohl ein echter Handwerker sich lieber die Zunge abbeißen würde, als so etwas auszusprechen. Aber, und darauf kommt es an, mit dem Kostenargument übergeht man zugleich äußerst geschickt die Verantwortungsfrage und versetzt auch den vehementesten Kunden erst mal einen kräftigen Schock.

»Aber Sie wissen doch: Holz ist ein lebendiger Baustoff!«
Wird gerne verwendet, wenn im Wohnzimmer ein tiefer Riss durch den frisch verlegten Dielenboden geht. Oder wenn das neue Fenster sich nicht mehr öffnen lässt. Oder aber wenn der neue maßgefertigte Schrank sich kurz nach Mitternacht krachend selber aus seiner Einbaulücke gesprengt hat.

»Aber Sie wissen doch: Fliesen sind ein Naturprodukt!«
Gängige Entschuldigung dafür, dass nach dem Fliesenlegen die Fugen dreimal so breit sind wie gewünscht und doppelt so breit wie befürchtet. Und dass sie diagonal statt gerade verlegt sind. Denn fast alle Kunden finden doch Naturprodukte gut.

»Sie müssen bedenken, Sie haben sehr kalkhaltiges Wasser!«
Beliebte Ausrede, wenn eine frisch reparierte Spül- oder Waschmaschine keine Anzeichen dieser Reparatur erkennen lässt. Aufgrund der jahrzehntelangen Einflüsterungen der Werbeindustrie ist nämlich fast jeder zweite Bundesbürger bereit, persönlich die Verantwortung für Verkalkungsschäden (oder auch Gefrierbrand) zu übernehmen, selbst wenn es sich gar nicht um solche handelt.

»Die frische Farbe passt sich der alten mit der Zeit an!«
Das kann sein. Aber vielleicht erst, wenn in 20 Jahren all Ihre neu gestrichenen Wände restlos vergilbt sind. Bis dahin aber ist der Unterschied sichtbar und erinnert daran, dass es ein böser Fehler war, den Maler, der angeblich zu seiner erkrankten Mutter wollte, nicht die ganze Wand nacharbeiten zu lassen, sondern nur ein paar Stellen.

»Normal ist das dicht!«
Diesen Satz bringt der Handwerker gerne, wenn er nach angeblich getaner Arbeit knöchelhoch im Wasser steht. Oder am Telefon, wenn Sie so stehen, nachdem er längst aus dem Haus ist. »Normal ist das dicht« heißt: Bei Ihnen ist etwas unnormal. Ihr verdammtes Rohr ist schuld. Ihr Badezimmer. SIE SIND SCHULD! Erstaunlich, wie viele Kunden das dann wirklich glauben.

»Sie sind der erste, der sich beschwert!«
Der Klassiker, so im Trend, dass wir ihn gerne vielfach wiederholen würden. Denn der Deutsche von heute möchte nicht unangenehm als Spießer oder Rechthaber auffallen, selbst wenn er tatsächlich recht hätte. Also schweigt er. Schätzungen von Bielefelder Forschern haben ergeben, dass ein einzelner Handwerker diesen Satz aufgrund der exorbitant hohen Erfolgsquote bis zu dreimal am Tag sagt, also 15 Mal pro Woche, also 45 Mal pro Monat, also, berücksichtigt man Urlaubs- und Feiertage, gut und gerne 450 Mal im Jahr – kein Wunder, dass er es schafft, Ihnen das ins Gesicht zu schmettern, als wäre es tatsächlich wahr.

»Ich bin seit 30 Jahren im Geschäft. Und jetzt unterstellen Sie mir, dass ich das nicht kann? Da geht mir das Messer in der Tasche auf!«
Der perfideste Spruch von allen (kommt auch in Variationen vor): Mit ehrlich empörter Stimme und in der Lautstärke eskalierend vorgetragen, bringt er neun von zehn Kunden dazu, sofort beschwichtigen zu wollen, statt durch Beharren auf einen Fehler weiter zu eskalieren. Schließlich kann allerlei passieren, wenn ein kräftiger Tischler oder Elektriker vor Wut mir nichts dir nichts außer sich gerät.

8.

Prospekt und Wirklichkeit: Vom bösen Erwachen in der realen Welt

Der Ehrlichkeit halber muss hier erwähnt werden, dass an vielen Dingen, die Ihnen in Zusammenhang mit Handwerkern missfallen, nicht nur der Installateur, Monteur oder Fliesenleger schuld ist. Sondern der Umstand, dass Sie naiverweise eine Traumwelt für wahr hielten.

In dieser Traumwelt gibt es Hochglanzprospekte mit Designerbädern, die uns den Atem rauben, so toll die Gestaltung, so raffiniert die Naturbachdusche, unter der man sich fühlt wie in der Schweizer Bergwelt, so edel die großen Wandfliesen aus gelbem Jerusalemstein. Es gibt Geschäfte, in denen man all das auch besichtigen und natürlich kaufen kann. Wohnzeitschriften, die von neuen raffinierten Beleuchtungskonzepten und stimmungsaufhellenden Ton in Ton Lichtfarben schwärmen. Und von Lebensraumaufteilungen und Wohnzonen, davon, dass die Grenzen zwischen Küche und Wohnzimmer, Schlafzimmer, Bad und Arbeitszimmer verschwimmen, dass der Mensch von heute direkt neben seiner Badewanne schlafen und, noch bequem in der Wanne sitzend, schon seinen Gästen etwas vorkochen kann. Dem Wissensteil unserer Zeitung entnehmen wir, dass es Niedrigenergiehäuser ohne Lüftungsprobleme gibt. Häuser, in denen ein intelligenter Zentralcomputer vollautomatisch Sonnendächer, Außen- und Innenjalousien bedient, Heizung und Licht hochfährt, kurz bevor wir heimkommen. Und uns die Nachricht aufs Handy schickt, dass die Milch im Kühlschrank zur Neige zu gehen drohte und er per E-Mail neue bestellt habe.

In der anderen, der realen Welt, müssen wir dann beim Einbau der Naturbachdusche erfahren, dass in den schönen Prospekten leider unterschlagen wurde, dass unsere Dusche, wie alle anderen Wannen und Waschbecken auch, und seien sie auch noch so teuer, mit einer hässlichen Silikonfuge abgedichtet werden muss. Die aber bei schicken Wannen und Becken so grauenhaft aussieht, dass das Silikon in sämtlichen Badezimmerprospekten und Verkaufsausstellungen stets weggelassen wird, denn sonst würde niemand mehr diese Wannen und Becken kaufen.

Der Fliesenleger erzählt uns dann, dass er die Fliesen aus Jerusalemstein, die wir voll Vorfreude trotz ihres erschreckenden Preises kauften, zwar irgendwie an die Wand bringen könnte. Aber, da Sondergröße,[35] zum Vierfachen des ohnehin stolzen Verlegepreises – und ohne Garantie für die

[35] Falls Sie bereits das Vergnügen hatten, sich mit der Welt der Badezimmer und Küchen zu beschäftigen, ist Ihnen vielleicht auch schon aufgefallen, dass jede Fliese in einer einigermaßen zeitgemäßen Größe als »Sondergröße« zählt. Ein Phänomen, das man auch in anderen gesellschaftlichen Bereichen findet, etwa bei solchen Bettdecken, die groß genug sind, dass sich ein einigermaßen normal gewachsener Mensch mit ihnen zudecken kann, ohne sich auf Gnomengröße krümmen zu müssen. Dahinter steckt das höchst gewinnträchtige Prinzip, beim Konsumenten latente Schuldgefühle zu erzeugen, für die er extra zahlen muss, weil er nicht in die »Norm« passe.

besonders schmalen schicken Fugen aus dem Prospekt, denn er kann nur Standard.

Auch der Elektriker hat keine Ahnung, was mit raffinierten Beleuchtungskonzepten gemeint sein könnte, doch, halt, er könnte zwei, drei teure, von einem norwegischen Gestalter entworfene Halogenleuchten in Torsoform installieren. Aber ob die farblich zu den Energiesparlampen daneben und zur Neonröhre über der Küchenzeile passten, und ob das Ganze auch noch die Stimmung aufhelle, das müsse man selber herausfinden, denn Geschmack sei doch immer auch sehr subjektiv. Nach Schlafzimmer-Bad-Wohnzonen traut man sich dann schon nicht mehr zu fragen, nach intelligenten und innovativen Lösungen im Haus erst recht nicht. Denn diese können zwangsläufig immer nur so intelligent und innovativ sein wie die Menschen, die sie ausführen.

Die Ablufthaube oder: Böttermanns Alp

Lustiger Prolog vor dem ganzen Theater

Etwas, das auch Bettina Böttermann sehr leidvoll erfahren musste. Dabei wollte sie in ihrer Vierzimmerwohnung weder Computerschnickschnack noch neue Lebenswelten. Alles, was sie wollte, war eine neue Dunstabzugshaube. Denn Frau Böttermann kochte liebend gerne und leidenschaftlich, nicht nur für sich und ihren Yorkshire-Terrier, auch für Kollegen, Freunde und die Mitglieder ihres Kirchenchors. Und, das muss man sagen: Sie kochte hervorragend und am liebsten Fisch. Fisch in allen Variationen. Die Probleme gab es nur immer danach. Erstens mit dem Geruch, der trotz eifrigen Lüftens überall in ihrer Wohnung, selbst im Bettzeug haftete. Zweitens mit dem Nachbarn, der sich in regelmäßigen Abständen über die »abscheulichen« Fischdünste beschwerte, die aus ihrem offene Küchenfenster drangen.

Aber für genau diese Problemlage, erfuhr Böttermann im exklusiven Küchenfachgeschäft, gab es die ideale Lösung: die neue Dunstabzugshaube Superwatchcloud Nanometa. Das Neueste vom Neuen, ein Kunstwerk aus Glas und Edelstahl, superflach, über-kopfhoch, extra-schallgedämmt, versehen mit doppelter Randabsaugung, Vierfachgebläse, Halogenlampen, Fernbedienung, integriertem abschaltbaren Rauchmelder, interaktivem Display, kurz: ein Wahnsinn, das Beste, was zu haben war, lieferbar mit diversen Motorisierungen. Böttermann nahm den zweitstärksten Motor, zuckte kurz beim Preis und entspannte sich, als die freundliche Küchenverkäuferin erklärte, dass Anlieferung und komplette Installation selbstverständlich inklusive seien. »Wir liefern übernächste Woche Montag, 13 Uhr«, versprach die Fachfrau. Mit Böttermanns Unterschrift unter dem Werksvertrag 525425/534 nahm das Drama unerbittlich seinen Lauf.

1. Akt

Am Montag, Böttermann hatte sich in dem Geschäft, in dem sie arbeitete, einen halben Tag freigenommen, traf gegen 14 Uhr ein Monteur im Blaumann bei ihr ein, entfernte ihre alte windige Ablufthaube mit einem Prankenhieb, stieß ein tiefes Seufzen aus, sah sich suchend um und fragte, wo die neue Ablufthaube sei. »Aber«, fragte Böttermann, »die haben SIE doch dabei, oder?« Der Monteur verneinte, zündete sich eine Zigarette an und wollte schon wieder gehen. Böttermann wies darauf hin, dass ihre Wohnung eine Nichtraucherwohnung sei, und wählte schnell die Nummer des Küchenfachgeschäftes, in dem durch Zufall jemand abnahm, der dem Monteur mitteilen konnte, dass die neue Dunstabzugshaube aus den beiden braunen Paketen bestand, die hinten in seinem Wagen lagen. Der Monteur seufzte, ging, um die Pakete zu holen, kam nach 20 Minuten fürchterlich nach Rauch riechend wieder und machte sich daran, die Ablufthaube an der Decke zu installieren. Nach ca. zehn Minuten fiel ihm auf, dass er nicht das passende Werkzeug dabei hatte. Er kündigte an, in zwei Tagen wiederzukommen. Zähneknirschend sagte Böttermann das große Thai-Knoblauch-Fischessen, das sie für abends zur Feier der neuen Abzugshaube anberaumt hatte, wieder ab.

2. Akt

Tatsächlich war der Monteur in zwei Tagen wieder da. Er hatte in der Tat auch sein Handwerkszeug mitgebracht, außerdem Zigaretten, von denen er sich eine anstecken wollte – was Böttermann unterband – nur keine Trittleiter, denn »die hat doch jeder zu Hause«. Bettina Böttermann besaß keine. Der Monteur wollte schon wieder gehen, aber beim vierten Nachbarn hatte Böttermanns hektisches Klingeln gleich doppelten Erfolg: Er war da und er hatte eine Trittleiter. Nun ging alles ganz schnell. Mit einem Pressluftbohrer fixierte der Monteur die Absaugvorrichtung an der Decke über dem Herd, befestigte Elektrokabel und die umlaufende Gummidichtung, sagte »Fertig!« und griff gedankenverloren nach einer Zigarette.

Böttermann untersagte ihm dies in ihrer Wohnung, der Handwerker wollte gehen, aber Böttermann hatte noch eine Frage: wo denn die Luft mit den Essensgerüchen hingehe. »Na, in den Abluftschlauch und nach draußen«, schüttelte der Monteur belustigt den Kopf. Er näherte sich schon der Wohnungstür als Böttermann fragte, wo genau denn der Abluftschlauch sei. Der Monteur verdrehte die Augen, drehte um, näherte sich überheblich lächelnd seinem Werk und erstarrte. Denn es gab keinen Abluftschlauch: Der Stutzen dafür an der rechten Seite des Geräts ragte offen in den Raum – die unten mit perfekter Technik eingesaugte Luft wäre ganz einfach wieder in die Küche zurückgeströmt.

Der Monteur zuckte die Schultern: »Wenn Sie das so bestellt haben!« Böttermann sagte, das habe sie niemals so bestellt, das könne nicht sein. Gut, sagte der Monteur ungehalten, dann werde er eben am folgenden Tag noch einmal, ein letztes Mal wiederkommen, mit einem Abluftschlauch. Böttermann bat dringend um einen Abendtermin, ihres Jobs wegen. Erst nach einem längeren Wortwechsel, in dem sich auch Böttermanns Hund ziemlich echauffierte, erklärte sich der Monteur dazu bereit, nicht zuletzt, weil Böttermann ihm im Gegenzug anbot, er könne auf ihrem Balkon rauchen.

3. Akt

Um 16 Uhr am nächsten Tag traf der Monteur ein; er hatte einen Abluftschlauch dabei, den er unter Aufbietung aller Konzentration schimpfend und fluchend zwei Stunden lang an der Dunstabzugshaube befestigte, unterbrochen von vier längeren Zigarettenpausen auf dem Balkon. Dann, nach einer weiteren Zigarettenpause, suchte er nach der

Abluftöffnung in der Wand. Zwei Zigarettenpausen später hatte er festgestellt, dass es keine gab. Wutschnaubend warf er sein Werkzeug in die Tasche und rief etwas von falschen Tatsachen, die Bettina Böttermann beim Kauf der Dunstabzugshaube angegeben habe. Böttermann, vollauf damit beschäftigt, ihren Yorkshire-Terrier zu beruhigen, der dem Mann mit sicherem Instinkt an die Kehle wollte, erwiderte, sie habe beim Kauf angegeben, dass kein Schacht vorhanden sei. »Aber das hätten Sie mir rechtzeitig sagen müssen!«, empörte sich der Monteur. Ob er denn die Information von der Verkäuferin nicht bekommen habe, fragte Böttermann zurück. Der Monteur murmelte etwas von »Frauen und Technik«, warf einen Blick auf seine Uhr, erschrak und ging.

Zwischenspiel

Am folgenden Morgen telefonierte Bettina Böttermann mit dem Küchenstudio. Die Verkäuferin sagte betroffen, selbstverständlich sei der Monteur gebrieft worden, auch des Abluftschachtes wegen und sie werde sich den Herrn persönlich vorknöpfen. Böttermann bat um einen neuen, intelligenteren Monteur und eine deutliche Beschleunigung des Dunstabzugshaubeneinbaus, sie sei eine berufstätige Frau. Selbstverständlich, sagte die Verkäuferin, und sie werde sich noch am selben Tag wieder melden.

4. Akt

Die Verkäuferin meldete sich nicht; dafür wurde Bettina Böttermann zwei Tage später gegen halb sechs Uhr morgens durch Dauergeklingel an ihrer Tür aus dem Schlaf geholt. Vor der Tür stand der Monteur, der erkennbar schlechte Laune hatte. Er hatte noch einen jungen Mann dabei, einen Lehrling, der einen Spezialpressluftbohrer mit einem beeindruckenden Aufsatz unter dem Arm hielt und sich gleich ans Werk machen wollte. Nur indem sie mit verquollenen Augen hastig ein Bauernfrühstück zubereitete, gelang es Böttermann, die Wert auf gutes nachbarschaftliches Miteinander legt, den jungen Mann davon abzuhalten, bis es sieben war. Sie könne doch erstaunlich gut kochen, bedankte sich der Monteur, nachdem er als Nachtisch ein paar Pfannkuchen mit Eis verschlungen hatte, legte die Füße hoch und zündete sich eine Zigarette an, warum sie denn sonst so eine Zicke sei? Bevor Böttermann darauf eingehen konnte, warf der Lehrling den Bohrer an und begann, die Küchenwand in Hüfthöhe zu durchbohren.

Als er fast durch war und eine Pause einlegte, machte ihn sein Kollege darauf aufmerksam, dass hüfthoch für einen Abzugsschlauch deutlich zu niedrig sei.

»Warum«, rief die entnervte Böttermann, die die letzte halbe Stunde damit verbracht hatte, zuerst den tobenden Hund einzufangen und ins Schlafzimmer zu sperren und dann Töpfe und Geschirr vor dem sich niederschlagenden Bohrstaub in Sicherheit zu bringen, »warum reden Sie darüber erst jetzt? Sie haben mir die Wand kaputtgemacht!« Der Monteur sagte, dafür müsse sie Verständnis haben, schließlich seien sie ein ausbildender Betrieb, und sie könne ja etwas vor das Loch stellen, zum Beispiel diesen großen Aschenbecher. Böttermann entriss ihm den Sektkühler, wies auf das Rauchverbot hin, schlich in den Nebenraum und rief ihren Anwalt an.

Der bedauerte sie zutiefst. »Ich will kein Mitleid«, schrie Böttermann, »ich will wissen, was wir gegen diese Irren tun können!« Der Anwalt fragte, ob sie die Rechnung schon überwiesen habe. Sicher, sagte sie, Zahlung innerhalb von sieben Tagen, das sei doch vertraglich vereinbart gewesen. Nach einer längeren Pause riet ihr der Anwalt mit heiserer Stimme, zu deeskalieren und zu kooperieren, wenn sie wolle, dass das Projekt jemals zu einem Ende käme.

Böttermann nahm eine Valiumtablette, wartete, bis der Lärm aufhörte und ging in die Küche zurück. Der Lehrling hatte die Wand dicht unter der Küchendecke erfolgreich durchbohrt. Nach weiteren circa 15 bis 20 Bohrungen erklärte der Monteur zufrieden und drückte seine Zigarette in einer von Böttermanns Kaffeetassen aus, nach weiteren circa 15 bis 20 Bohrungen werde das Loch groß genug sein, um eine Halterung, den sogenannten Mauerkasten einzusetzen, und den Abluftschlauch nach draußen zu führen. Böttermann nahm eine weitere Valium und dazu Baldrian.

Als die Handwerker gegen 15 Uhr gingen, hatten sie fünf Bohrungen erfolgreich absolviert. Böttermann rief bei ihrem Arbeitgeber an und nahm für die nächsten Tage Urlaub.

5. Akt

Nach vier Tagen, soviel Urlaub hatte Böttermann genommen, waren die Handwerker noch nicht wieder aufgetaucht, obwohl sie täglich mehrmals mit dem Küchenstudio telefoniert hatte und obwohl die Verkäuferin jedes Mal hoch und heilig beteuerte, persönlich mit dem Monteur gesprochen zu haben, der sofort zu ihr aufbrechen wolle. Schließlich schrie Böttermann in den Hörer, dass sie vom ungewohnten ständigen Fast-Food-Essen im Schnellimbiss gegenüber längst Ausschlag bekommen habe und deshalb vorhabe, die Medien zu verständigen, zu denen sie berufshalber hervorragende Kontakte pflege. Eine halbe Stunde später stand der Lehrling vor der Tür, allein, der Monteur sei seit Tagen auf Fortbildung, erklärte er. Immerhin, als er irgendwann aufhören musste, weil die Nachbarn klopften, waren nur noch fünf Bohrungen offen. Ob sie eigentlich schon den Mauerkasten besorgt habe, fragte er Böttermann noch beim Gehen. Die ließ vor Schreck ihren zitternden Terrier fallen.

Zweites Zwischenspiel

Nach einer schlaflosen Nacht rief Böttermann im Küchenstudio an. Nein, sagte die verzweifelte Verkäuferin, den Mauerkasten müssen Sie natürlich nicht besorgen, der sei inklusive und längst in den Händen des Monteurs, der heute wieder da sei und als Erstes bei ihr vorbeikommen wolle, um die Sache abzuschließen. Heute als Erstes gehe es nicht, tobte Böttermann, heute habe sie ausnahmsweise keinen Urlaub mehr, und dass es deshalb ganz hervorragend wäre, wenn die Herren samt Mauerkasten zwecks Beendigung der Arbeiten am frühen Abend vorbeikommen würden, und zwar pünktlich um 17 Uhr.

6. Akt

Um 18 Uhr tauchte der Monteur auf, allein, auch ohne den für die restlichen Bohrungen notwendigen Pressluftbohrer. Der Lehrling sei damit auf einer anderen Baustelle, sagte er, warum sie denn nicht gesagt habe, dass er noch immer nicht fertig sei? Dank medikamentöser Prophylaxe blieb Böttermann so ruhig, dass auch ihr Hund ruhig blieb. Bevor sich der Monteur, die Zigarette im Mundwinkel, wieder verabschiedete fragte er, ob sie denn den Mauerkasten schon besorgt habe. Aufbrüllend knallte Böttermann hinter ihm die Tür zu und rief im Küchenladen an. Die Verkäuferin nahm nicht ab.

7. Akt

Die Verkäuferin im Küchenstudio schwor am Telefon alle Eide, dass der Monteur den Mauerkasten bekommen habe. Allerdings könne sie nicht ausschließen, dass er den Kasten versehentlich bei einem anderen Auftrag verwendet habe. Das sei aber nicht schlimm, sie werde einen neuen Mauerkasten bestellen, und in etwa drei bis vier Wochen sei der da. »Drei bis vier Wochen?«, kreischte Böttermann, und ob es keinen anderen Weg gebe, beispielsweise, den Monteur zu zwingen, den Mauerkasten wieder zurückzubringen und einzubauen oder ihm fristlos und sofort wegen Diebstahls zu kündigen, und wenn man in der Küchenfirma Skrupel habe, werde es ihr persönlich eine enorme Freude sein, dieses Gespräch zu erledigen … Das sei unmöglich, stotterte die Verkäuferin, gute Handwerker seien rar. »Gute?«, rief Böttermann fassungslos. Die Verkäuferin verbesserte sich: Überhaupt seien Handwerker rar und der Monteur sei im Moment der einzige in der Firma und habe daher auch sehr viel zu tun. Aber um auf den Mauerkasten zurückzukommen, fuhr sie hastig fort: ob es Böttermann eventuell möglich sei, selber einen Mauerkasten zu besorgen, beispielsweise in einem Baumarkt?

Sie sei doch nicht verrückt, rief Böttermann, sie habe doch nicht in einem Edelküchenladen eine mordsteure Dunstabzugshaube inklusive Installation und Zubehör gekauft, um dann noch selber in den Baumarkt zu fahren! Sie könne das gut verstehen, sagte die Verkäuferin gepresst, vielleicht sei ja der neue Mauerkasten auch schon in drei Wochen da. Ob sie noch so lange Geduld …

Böttermann ließ sich die Maße für den Kasten geben und fuhr in den nächsten Baumarkt. Nach zwei Stunden hatte sie sich zu den Mauerkästen durchgefragt und mithilfe zweier Verkäufer einen passenden gefunden, zwar in Schwarz statt Silber, aber das war ihr nun auch schon egal. An der Kasse traf sie einen Mann, der sie auffällig musterte. Es war der Monteur. Er hatte für einen anderen Kunden, der absolut keine Zeit hatte, eine Außenabdichtung für einen Mauerkasten besorgt. »Das sollten Sie für Ihren Kasten auch besorgen«, sagte er. »Sonst regnet es immer in die Öffnung und alles tropft Ihnen ins Essen!«

Böttermann nahm sich entsetzlich zusammen und fragte den Monteur, ob er nicht schnell mitkommen und ihr helfen wolle, diese Außenabdichtung zu besorgen. Leider nein, sagte er, seine Arbeitszeit ende in einer Stunde und er habe noch viel vor: Essen gehen, Kino, danach in die Tepperwien-Bar auf ein paar Absacker, und dann noch mal um die Häuser ziehen – was sie denn auf einmal habe, wo sie denn hingehe …?

8. Akt

Ein paar Tage später schaffte es der Lehrling unter Aufsicht des permanent rauchenden Monteurs (angesichts des Bohr-Feinstaubs, der sich überall in der Wohnung auch in die kleinsten Ritzen gesetzt hatte war das Rauchen Bettina Böttermann nun auch schon egal), die Bohrungen zu Ende zu bringen. In der Küchenaußenwand klaffte in Überkopfhöhe ein Loch, das aussah, als sei eine Granate eingeschlagen. Nach einer ausgiebigen Pause machte sich der Monteur daran, den Mauerkasten mit wuchtigen Hammerschlägen in das Loch zu zwängen und den Schlauch zu befestigen. Die Lücken in der Mauer rund um das Loch stopfte er mit Zeitungen aus. »Wenn der Fassadenbauer kommt, kann er die wieder rausnehmen«, knurrte er an der Zigarette vorbei. »Fassadenbauer?«, fragte Böttermann. »Fürs Zumachen der Löcher, das Verputzen und das Abdichten der Außendämmung«, informierte sie der Monteur. Genervt erkundigte sich Böttermann, wann der Herr denn käme. Der Monteur zuckte die Schultern. Wie, das wisse er nicht, fragte Böttermann scharf. Na, woher solle er wissen, wann sie den Fassadenbauer bestellt habe, rief der Monteur kopfschüttelnd.

Nein, sagte die Verkäuferin am Telefon, Böttermann habe zwar die Dunstabzugshaube inklusive aller Leistungen erworben, aber ein Fassadenbauer sei tatsächlich nicht inbegriffen. Normalerweise sei der auch nicht nötig, aber sie, Frau Böttermann habe ja dem Monteur anfangs offenbar eine falsche Höhe für das Loch angegeben, eine viel zu niedrige Höhe, und darauf bestanden, dass er dort bohre. Und es täte ihr sehr leid, wenn das jetzt repariert werden müsse, aber für falsche Angaben könne die Firma nicht aufkommen.

Ja, natürlich, sicher, selbstverständlich, gerne, er habe Spachtel und Mörtel im Auto und könne die Löcher um den Mauerkasten auch selber schließen, sagte der Monteur, sie solle nur diesen irren Kampfhund bitten, sein Hosenbein loszulassen, und er verspreche dann auch, nicht mehr zu rauchen, nie mehr, der Hund habe völlig recht, es sei sehr ungesund, fürchterlich ungesund.

Als er fertig und die Herren gegangen waren, stellte Böttermann fest, dass auf ihrem Küchentisch noch die Außenabdichtung für den Mauerkasten lag, die man vergessen hatte, einzusetzen. Sie meldete sich für den nächsten Tag krank.

9. Akt

Die Küchenstudio-Verkäuferin, die schon auf Bettina Böttermanns morgendlichen Anruf gewartet hatte, versprach, mit dem Monteur über die Außenabdichtung zu sprechen und gleich zurückzurufen. Das tat sie auch, um mitzuteilen, der Monteur habe laut eigener Auskunft die Außenabdichtung vorschriftsgemäß eingebaut – und zwar noch bevor er das durch ihr Verschulden falsch gebohrte Loch aus reiner Kulanz und Menschenfreundlichkeit zugespachtelt habe. Der Lehrling habe alles bestätigt; ob Frau Böttermann also sicher sei, dass da von ihrer Seite nicht ein Irrtum vorliege? Zumal auch sie am Telefon den Eindruck gewonnen habe, dass Frau Böttermann gesundheitlich oder auch psychisch offenbar etwas angegriffen sei, anders sei es nicht zu erklären, dass sie höhnisch lachend ihre Kampfhunde auf die Firmenmitarbeiter gehetzt und sie außerdem mit einer Schusswaffe bedroht habe. »Was?«, schrie Böttermann. Doch sie habe Glück, fuhr die Verkäuferin fort, die betreffenden Mitarbeiter hätten so sehr Mitleid mit ihr, dass sie ausnahmsweise davon absähen, sie anzuzeigen und die BILD-Zeitung einzuschalten …

10. Akt

Bettina Böttermann warf ihr Telefon an die Wand und sich heulend aufs Sofa. Irgendwann ertappte sie sich dabei, dass sie schniefend an ihrem Küchentisch saß – und rauchte! Glücklicherweise rief gerade da ihre beste Freundin auf dem Handy an. Es wurde ein langes Gespräch, gegen dessen Ende die Freundin ihr riet, den ganzen Mist zu vergessen. Und sie habe noch leckeren gefrorenen Fisch im Haus, ob sie nicht abends damit und mit zwei Flaschen Prosecco vorbeikommen solle, um die tolle neue Dunstabzugshaube einzuweihen? »Ja«, schluchzte Böttermann.

Nachspiel

Es wurde ein schöner und lustiger Abend, bis zu dem Zeitpunkt, als Bettina Böttermann den Fisch raffiniert gewürzt in die Pfanne warf und dann die wunderbare neue Haube feierlich zum erstenmal einschaltete: Sie ging nicht.

9.

Fallen Sie wenigstens weich – Die Rechnung

Egal, ob Sie in der beneidenswerten Lage sind, gleich bezahlen zu können oder ob Sie Geld zurückhalten und verhandeln müssen, eines ist sicher: die Rechnung. Sie ist das Einzige, das kein Handwerker jemals vergessen wird. Und noch eins ist sicher: Sie wird ein Schock werden.

Ein Arzt, darauf verwies einmal der bekannteste praktizierende Mediziner Deutschlands, Dietrich Grönemeyer, ein Arzt, der einen Hausbesuch bei einem kranken Patienten macht, bekommt dafür von den Kassen gerade mal 16 Euro. Ein Monteur aber, der nur einmal den Deckel einer defekten Waschmaschine öffnet, hat schon das Doppelte verdient.

Das Dumme dabei ist nur: Dieses krasse Missverhältnis wird von weiten Bevölkerungskreisen dank langjähriger Gewöhnung als völlig in Ordnung empfunden. Was viele Meister des Handwerks ermutigt, umso schamloser die Hand aufzuhalten.

Nehmen Sie beispielsweise einen vor allem finanziell ambitionierten Malerbetrieb wie den von Hartmut Kerzig. Je nach Region, in der Sie das Unglück haben zu wohnen und Kerzigs Hilfe zu benötigen, und je nachdem, wie dringend

Kerzig Geld benötigt, liegt die Handwerkerstunde bei 42 bis 55 Euro, inklusive Mehrwertsteuer, aber ohne Inflationszuschlag. Dazu kommt noch die sogenannte Rüstzeit – die Zeit also, die der Malergeselle benötigt, um vor der Abfahrt die Heckklappe des Firmenwagens zu öffnen und mit stierem Blick in die Ferne zwei Zigaretten zu rauchen[36] – sowie natürlich die Anfahrt. Je nachdem, mit welchem Firmenwagen Kerzigs Mannen anreisen, wird man Ihnen dafür 30 bis 50 Cent je Kilometer in Rechnung stellen, ist es Kerzigs neuer E-Klasse-Mercedes mit besonders geduldiger weiblicher Navigatorstimme, können es locker auch 92 Cent sein.

Vielleicht haben Sie aber auch das Glück, auf einen Malerbetrieb zu treffen, der Rüstzeit und Anfahrt kundenfreundlich zu einer Pauschale zusammenfasst. Diese wird rein zufälligerweise immer ganz knapp unter dem erlaubten Satz von 20 bis 25 Euro liegen und wird auch dann am liebsten mehrmals täglich erhoben, wenn sich der Handwerksbetrieb nur ein paar Häuser weiter befindet.

Hartmut Kerzigs dringender Wunsch, in diesen nicht ganz einfachen Zeiten seinen relativ hohen Lebensstandard zu halten und zugleich das Haus auf Mallorca weiter abzuzahlen, haben außerdem dazu geführt, dass längst nicht mehr nur Schlüssel-, TV- und Rohrfrei-Notdienste horrende Zusatzgebühren für den Einsatz von ungewöhnlichem Werkzeug kassieren. Die Definition von »ungewöhnlich« ist dabei so ziemlich der Fantasie des Rechnungstellers über-

[36] Dass er Ihre Farbe vergessen hat, merkt der Maler, nachdem er in Ihrer Wohnung eingetroffen ist, ein paar weitere Zigaretten geraucht und seine Frühstückspause absolviert hat – jedenfalls im Regelfall. Leidgeprüfte Kunden berichteten allerdings auch von Fällen, in denen Maler mehr als vier Tage benötigten, um die vergessene Farbe zu bemerken. Doch dann war es Freitagabend um 14 Uhr und die erste Arbeitswoche war vorbei.

lassen: Selbst wenn die Deckenhöhe Ihrer Wohnung lausige 2,05 Meter betragen sollte, kann es durchaus vorkommen, dass man Ihnen bei Kerzig für einen dringend erforderlichen »extralangen titangehärteten Eckenexpanderpinsel« zwei bis vier Euro extra pro Stunde berechnet – pro Pinsel natürlich. Zum ersten Termin werden dann ein Geselle, drei Lehrlinge und vier Hilfsarbeiter mit jeweils zwei derartigen Pinseln anrücken, die es im Baumarkt gerade im Sonderangebot für einen Euro gibt.

Sind Sie nun so couragiert, die Pinselgebühr zu monieren, ist man durchaus vorbereitet. Dann nämlich wird der kleinste der Erschienenen, ein angeblicher Eckenstreichspezialist, der in Wirklichkeit ukrainischer Ex-Jockey ist, eine Farballergie hat und nur seiner Körpergröße wegen eingestellt wurde, [37] demonstrieren, dass man zwar ohne Weiteres auf die Expanderpinsel verzichten könnte. Aber dass in diesem Fall zwei Mitarbeiter nötig wären, um den Zwerg zum wirklich sorgfältigen Streichen der oberen Ecken auf einem Spezialtablett dicht unter die Decke zu heben. Nicht zu vergessen natürlich zwei weitere Mitarbeiter, um die beiden gemäß Arbeitszeitverordnungsparagraph 535/FR1.2 rechtzeitig abzulösen, bevor ihnen die Arme erlahmten und ihnen der Himmel auf den Kopf fiele.

Nach einer solchen, höchst beeindruckenden Demonstration, das wissen Malerfachbetriebe, trauen sich die meisten Kunden nicht mehr, irgendetwas zu hinterfragen. Schon gar

[37] In neuerer Zeit ist zu beobachten, dass sich mehrere Unternehmen ein- und denselben Zwerg teilen müssen, weil es auf dem Markt mittlerweile wesentlich mehr Malerfirmen als ehemalige Jockeys gibt. Der Versuch eines Berliner Betriebs, dieser Zwangslage dadurch entgegenzuwirken, dass der Chef seinen achtjährigen Sohn mit angeklebtem Kinnbart als 40-jährigen Eckenspezialisten ausgab, scheiterte daran, dass das Kind so gut malte, dass der Unterschied zu den Leistungen der anderen Mitarbeiter selbst ungeübten Kunden auffiel.

nicht die Rechnungsposten »Sonderreiniger« (Leitungswasser) und »farbdichter Spezialbodenschutz« (gelesene BILD-Zeitungen, ergänzt durch bei Ihnen herumliegende Tageszeitungen und ein paar Papiere aus Ihrem Schreibtisch).

Dass natürlich darüber hinaus gerne das Doppelte der tatsächlich gebrauchten Farbe und das Zweifache an Mannstunden abgerechnet wird – wobei Hilfs- und Schwarzarbeiter als Gesellen zählen, Gesellen aber als Meister –, versteht sich.

Prüfen Sie also, wenn Sie sich vom ersten Schock erholt haben, die Rechnung sorgfältig, und das nicht nur auf versteckte Gebühren und unverschämte Pauschalen. Finden Sie als Besitzer einer Erdgeschosswohnung etwa an vorletzter Stelle einen Posten »Neueindeckung Kirchendach«, kann es beispielsweise sein, dass beim Erstellen der Rechnung irgendwoher ein Textbaustein verrutscht ist.

Noch häufiger aber vergessen Handwerksbetriebe im Vorfeld ausgehandelte, sogar schriftlich zugesicherte Rabatte. »Oh, das war keine Absicht«, wird jemand routiniert am Telefon sagen, wenn Sie anrufen. Und wird Ihnen eine neue Rechnung zusenden, auf der unten die 10 Prozent von der Summe korrekt abgezogen sind – allerdings ist weiter oben ein mysteriöser Posten »Teppichschutzpauschale nach FHKg« dazugekommen.

Auf hartnäckiges Befragen wird man Ihnen irgendwann endlich verraten, dass FHKg in diesem Fall für »Firma Hartmut Kerzig« steht und sich hinter dem kompletten Begriff der Aufwand verbirgt, der durch das Abdecken, bzw. Zusammenrollen und geschütztes Lagern Ihrer Teppiche entstand. Rufen Sie dann konsterniert: »Aber ich habe gar keine Teppiche, keinen Einzigen!«, wird Ihnen die junge Dame, die bei Kerzig für Rechnungslegung und Reklamationen aller Art zuständig ist, sagen, dass es sich, wie der Name bereits sagt, um eine Pauschale handle. Das heißt, einen durch alle Kunden eines Jahres gemittelten Erfahrungsaufwandswert, der der Einfachheit halber verdoppelt und prozentual auf jede Rechnung aufgeschlagen werde.

Die junge Dame verrät Ihnen dann noch, dass Sie von dieser Pauschalberechnung sogar erheblich profitieren könnten: dann nämlich, wenn Sie über mehr Teppiche als der Durchschnitt von Kerzigs Kunden verfügten. Denn auch in diesem Fall – versprochen ist versprochen und da lässt sich die Firma Hartmut Kerzig nicht lumpen – würde Ihr gesamter überhöhter Teppichbestand trotzdem zum Pauschalpreis geschützt, zuzüglich höchstens einer geringen Mehraufwandsgebühr.

Bleiben Sie trotz dieser Versprechungen eisern dabei, dass Sie diesen Posten nicht bezahlen möchten und auch nicht vorhätten, deswegen eigens Teppiche zu kaufen, wird Ihnen die junge Dame nach langem Hin und Her eine aus Kulanzgründen modifizierte Rechnung zusagen – auf der dann aber zufälligerweise wieder der anfangs ausgehandelte Rabatt fehlt.

Es kann aber auch sein, dass Sie stattdessen eine Mahnung oder Zahlungsaufforderung erhalten. Oder den überraschenden Besuch der bei Ihnen als Gesellen angetretenen weißrussischen Hilfsarbeiter, die eines Sonntag abends in Ihrem Garten herumstapfen und lächelnd (und erstaunlicherweise nahezu in Schriftdeutsch) verkünden, sie würden höchst ungern Ihr schönes schwarzes Auto mit roten Farbklecksen verzieren oder gar Ihre Tür mit blöden Parolen, aber Kerzig habe ihren lumpigen Lohn genau davon abhängig gemacht. Nun, wenn Sie dann schließlich doch das Geld überweisen, haben Sie zumindest noch eine Rechnung, die Sie beim Finanzamt absetzen können.

Zum richtigen Horrortrip gleich von Anfang an wird dagegen die Rechnungslegung, die Ihnen bei Kerzigs noch unerreichten Vorbildern droht. Wer das Schicksal hat, sich etwa mit dem Schlüsseldienst einzulassen, bei dem Bruno Fassbart, der Lockpicker und Menschenverächter, sein Geld als Türschlosszerstörer verdient, kann alle Hoffnung fahren lassen, den nächsten Urlaub bezahlen zu können. In Fassbarts Firma nämlich ist ein Spät-, Früh- oder Mittagspausenzuschlag Standard. In etwa 90 Prozent aller Fälle kommt ein Expressbearbeitungszuschlag hinzu. Und das zuschlagpflichtige Wochenende beginnt Freitag um 10 Uhr und dauert bis Montag 13 Uhr.

Die Kunden, mit denen Fassbart zu tun hat, kauern häufig in Nachthemd oder Schlafanzug, manchmal sogar nackt, vor ihrer Wohnungstür und sind auch sonst ziemlich durch den Wind. Sodass ihnen gar nicht auffällt, dass Fassbart verbotenerweise zur sauteuren All-inclusive-Türöffnungspauschale noch die nicht minder teure Arbeitszeit in Rechnung stellt. Dazu kommt ein Zuschlag fürs Spezialgerät, also den Baumarktbohrer, mit dem Fassbart arbeitet und den mit einer Blinklichtattrappe versehenen Golf, mit dem er vorgefahren kommt. Nicht zu vergessen die Anfahrtskosten, die deswegen so teuer sind, weil Fassbarts Firma zwar überall übers Ortsnetz erreichbar ist, ihre angemeldete Zentrale aber in einem kleinen Nest in der Eifel hat. Dort befindet sich eine ansonsten verlassene Scheune, von der aus die Anfahrtskilometer zum Türöffnen nach Hamburg, München oder Frankfurt/ Oder errechnet werden (Fassbart ist angehalten, um größere Städte noch eine Extra-Runde zu kalkulieren). Trifft Fassbart dennoch erstaunlicherweise schon 65 Minuten nach dem

Notruf in Hamburg-Eppendorf ein[38], knurrt er, die Strecke sei glücklicherweise frei gewesen und er sei so schnell gefahren wie der Teufel und auch geblitzt worden wie der Teufel; die dafür zu erwartenden Bußgelder habe er der Rechnung schon hinzuaddiert.

Wenn Bruno Fassbart dann seine handgekritzelte, sofort und bar zu bezahlende »Rechnung« überreicht, ein paar auf einen alten Zettel gekritzelte Zahlen, die er, sobald Geld geflossen ist, tunlichst wieder einsteckt, erntet Fassbart erschüttertes Schweigen. Häufig auch Schreien, Flehen oder wilde Wutanfälle. In den knapp zwei Jahren seines Wirkens hatte Fassbart aber auch schon mit Frauen und Männern zu tun, die ihm ihre Körper oder Teile davon anboten und erlebte sieben Kreislaufkollapse und drei Schlaganfälle. Außerdem vier Brüche des Mittelhandknochens bei Kunden, denen der Geldautomat die Rechnungssumme nicht ausspucken wollte und die aus Verzweiflung – und aus Panik vor Fassbarts Drohung, die Tür dann eben wieder zu schließen und wieder zu gehen – völlig außer sich gerieten.

Ein Einziger von ihnen hatte den Mut, Fassbart im Nachhinein wegen Wucherei und indirekter Körperverletzung anzuzeigen. Das Verfahren wurde eingestellt, weil der betreffende Kunde bereits häufiger durch Gewalttätigkeiten gegenüber Geldautomaten aufgefallen war.

So läuft das Geschäft von Fassbarts Chef hervorragend, vor allem wegen der Sache mit der Barzahlung. Denn die bringt nicht nur die armen Kunden um die Möglichkeit, die Schocksumme wenigstens als haushaltsnahe Dienstleistung von der Steuer absetzen zu können. Sie eröffnet Fassbarts

---

[38] Bei näherem Hinsehen ist das allerdings doch nicht ganz so erstaunlich, denn in Wirklichkeit kommt Fassbart aus Hamburg-Harburg.

Chef auch enorme Gestaltungsmöglichkeiten bei der eigenen Steuererklärung – die 1267 Euro für ein simples Türöffnen ohne Material würde ihm das Finanzamt sowieso nicht glauben.

Immer mehr Experten sind übrigens der festen Überzeugung, dass der ganze Wirbel um Arbeitszeiten, Überstunden und Zuschläge nur den Zweck hat, von der zweiten kreativen Methode exzessiver Rechnungsgestaltung abzulenken: dem Weiterverkaufen von mit ungeheuren Rabatten erworbenen Badewannen, Wasserhähnen, Bodendielen, Lichtschaltern und Küchen an Sie.

Das geht ganz einfach, denn es wird mit einem »offiziellen Listenpreis« gearbeitet, der auch in einem Katalog oder im Internet zu finden ist – sagen wir 79,80 Euro für einen schicken Wechselstrom-Lichtschalter in Weiß, Hochglanz, deutsche Wertarbeit, in China gefertigt. Diesen Preis nennt Ihnen der Elektriker Ihres Vertrauens selbstverständlich auch als den Preis, für den er selber diesen Schalter erwerben muss.

Aber das ist völliger Unsinn. Denn in Wirklichkeit bekommt Ihr Elektriker beispielsweise 20 Prozent Rabatt vom Listenpreis, bezahlt also nur noch 63,84 Euro. Abzüglich vielleicht noch mal 10 Prozent Großabnahmepreis (denn er nimmt ja zehn Schalter), macht 55,86 Euro. Abzüglich weiterer 10 Prozent Freundschaftsrabatt, denn er hat schon mehrfach bei der Firma eingekauft, macht 47,88 Euro. Die zwei Schalter, die ihm kostenlos obendrauf gelegt werden, damit er auch beim nächsten Mal wieder bei diesem Hersteller bestellt, gar nicht berücksichtigt, hat Ihr Handwerker allein schon über 30 Euro verdient, wenn er Ihnen den Lichtschalter zum »Listenpreis« weitergibt.

Bei anderen Produkten sind die Gewinnspannen teilweise noch größer. Häufig handelt es sich dabei um solche

Produkte – edelstählerne Profigasherde, Nussbaumbadezimmermöbel, extragroße Whirlpoolwannen –, für die Sie als »Endverbraucher« weder in Katalogen noch im Internet konkrete Preise finden. So kann der Küchenbauer, Einrichter oder Installateur ziemlich frei kalkulieren – je nachdem, wie er Sie und Ihre Finanzen einschätzt. Oder ob Sie sich trauen, mit ihm zu verhandeln.

Doch selbst wenn Sie so clever waren, bei Ihrer Traumküche, Ihrer Wunschwanne 15 Prozent vom Listenpreis herauszuholen, die Angelegenheit wird dann immer doch noch 19 Prozent teurer als geplant: Denn da kommt ja noch die Mehrwertsteuer. Die wird anfangs grundsätzlich »vergessen«, um den Preis kleiner zu machen. Und beschweren Sie sich dann darüber, wird man Ihnen mit großen unschuldigen Augen sagen, dass das mit der Steuer doch selbstverständlich sei, dass das jeder wisse, und dass – genau, dass Sie der Allererste seien, der sich darüber beschwere.

Nun zu glauben, dass alle Handwerksmeister aufgrund dieser Methoden der Preisgestaltung stinkreiche Säcke wären, ist allerdings wieder falsch. Einmal, weil die häufigen Besuche im Stehcafé und die sonstigen Lebenshaltungskosten nebst Raten für Häuser und Autos doch sehr am Reingewinn zehren. Und zum anderen des ungeheuren Schwunds an Werkzeug und Material wegen. Hören Sie doch einmal selber an einem durchschnittlichen Werktagsvormittag zwischen sieben und neun im Verkehrsfunk, was da alles von den Ladeflächen auf unsere Straßen purzelt – Äxte, Schaufeln, Werkzeugkästen, Bohrer, Bretter, ein Dixi-Klo samt Spanngurten.[39] Rechnet man diese Verluste nur ansatzweise

---

39 Andererseits soll es Handwerksbetriebe aus dem strukturschwachen Osten geben, deren findige Mitarbeiter ihre komplette Erstausstattung an Werkzeug und Material innerhalb weniger Tage auf den Autobahnen um Hamburg, Berlin und

hoch, wird einem schnell klar, dass selbst seriöseren Firmenchefs zur exzessiven Rechnungsgestaltung kaum eine Alternative bleibt.

UNSER RAT: Tun Sie alles, um Schlüssel-, Rohr- und Fernsehnotdienste zu vermeiden. Und machen Sie anderen Handwerkern, um die ärgsten Tricksereien abzuwenden, immer die vage Hoffnung auf ein nächstes Mal. Wenn nicht bei Ihnen, so doch bei einem Onkel, der seine 250-Quadratmeter-Wohnung im Sommer neu streichen lassen wolle, oder bei Ihrem Bruder, der über eine höchst sanierungsbedürftige Mehrzweckvilla verfüge. Nur allzu konkret sollten Sie lieber nicht werden. Und noch mal: Bevor Sie bezahlen – prüfen Sie, ob alles in Ordnung ist!

Psychotipp:
Öffnen Sie, ausgenommen, Sie sind in der beneidenswert glücklichen Lage, dass es Ihnen kein bisschen aufs Geld ankommt, Handwerkerrechnungen niemals abends, Sie könnten sonst keinen Schlaf finden. Und auch wenn Sie eine Rechnung tagsüber öffnen, sollten Sie immer darauf achten, dass etwas in Ihrer Nähe ist, auf das Sie sich fallen lassen können.

München aufgesammelt haben.

10.

Mit Handwerkern altern : Von den Qualen der Nacharbeit

Man könnte denken, wenn man erst mithilfe sanften finanziellen Drucks einen Handwerker dazu gebracht hat, seinen Pfusch einzusehen und er tatsächlich nacharbeiten will – dann, ja dann, werde endlich alles gut.

Aber oft genug stimmt nicht einmal das, denn häufig schleppt sich ein solches Unterfangen Wochen, Monate oder gar Jahre hin. Was nicht zuletzt mit genau jenen mangelhaften Kenntnissen und Fähigkeiten des betreffenden Handwerkers zusammenhängt, die schon den ersten Mangel verursacht haben. Die aber ein Handwerker von echtem Schrot und Korn nicht einmal sich selbst und schon gar nicht Ihnen eingestehen mag. Wer gibt schon gerne zu, dass die Badheizung nicht funktionieren kann, weil er das Thermostatventil vergessen hat? Dass nur deswegen dieser kalte Wind bei Ihnen durchs Wohnzimmer streicht, weil er zu kurze Fensterdichtungen verwendete? Dass die Spülmaschine nur deshalb immer noch nicht spült, weil nicht der Dreharm, sondern der Motor kaputt ist?

Nein, diese Dinge gibt man selbstverständlich nicht zu, denn man will sich ja nicht lächerlich machen und am

Ende müsste man vielleicht sogar zugeben, dass man sein Geld nicht wert ist. Stattdessen steigern sich viele Handwerker in eine Vernebelungstaktik hinein, versuchen mit offenkundig zunehmender Verzweiflung, den Badheizkörper zum x-ten Mal zu entlüften, bauen ächzend immer dasselbe Fenster aus und ein, testen dutzendfach seufzend den Wasserdruck. Bis manche Kunden sie gehen lassen, aus Mitleid oder weil sie es satt haben, dass seit Monaten jeden Mittwochabend jemand in ihrer Wohnung herumschraubt.

Sicher, die beste Lösung wäre, einen anderen, fähigeren und willigeren Handwerker zu beauftragen, dessen Rechnung an den ersten Frickler zu übersenden, und sich bequem zurückzulehnen.

Aber leider geht das nicht so einfach. Wollen Sie nicht selber auf der Rechnung sitzen bleiben, müssen Sie als Kunde zwei- bis dreimal, je nachdem wie der Fall gelagert ist, Meister Pfusch selber Gelegenheit zum Nachbessern geben. Wobei es mitunter schwer ist zu definieren, wann der erste Versuch beendet ist und wann der zweite beginnt.

So werden die folgenden Tage, Wochen, Monate, ja, mitunter Jahre, zu einem wahren Martyrium. Einer Situation, in der immer mehr Handwerkerkunden Unterstützung suchen. Wir durften hinter einer spanischen Wand verborgen bei der Hoffenheimer Selbsthilfegruppe »Leben und Altern mit Handwerkern« dabei sein, einer der ältesten und renommiertesten dieser Art.

„Mein Klempner mag mein Türschild nicht“

Besuch in einer Selbsthilfegruppe

PSYCHOLOGE: Liebe Freunde, ich freue mich, dass wir uns heute wieder alle hier treffen können …
MANN 1: Fast alle – Pascal ist im Krankenhaus. Sein Maurer hat wieder zugeschlagen …
PSYCHOLOGE: Lasst uns kurz an ihn denken und ihm Kraft und Stärke wünschen.

Alle Teilnehmer reichen sich die Hände und schweigen. Irgendwo im Raum ist verhaltenes Wimmern zu hören.

PSYCHOLOGE: So, liebe Freunde, heute möchte sich ein neuer Leidensgenosse vorstellen.
KLAUS: Ich heiße Klaus. Und aus meiner Dusche riecht es unerträglich, seit mehr als zwei Jahren schon …
MANN 2: Erst? Meine Spülung läuft seit drei Jahren durch!
PSYCHOLOGE: Liebe Freunde, bitte, lasst Klaus ausreden! Klaus, bitte erzählen Sie weiter.
KLAUS: Seit über zwei Jahren ist mein Installateur abends bei mir und schraubt am Duschablauf herum. Aber es stinkt weiter. Und dann trinkt er erst mal ein Glas Wasser …
MANN 3: Klaus, das Trinkenlassen ist ein Fehler, nicht dass er nur deswegen immer kommt! Oder versetzen Sie es wenigstens mit Abführmittel, damit er schneller arbeitet?
FRAU 1: Wie kann man nur so zynisch sein! …
PSYCHOLOGE: Inge, ich weiß sehr gut, dass Sie das anders sehen. Dass Sie es geschafft haben, nach all den Jahren den Hass auf Ihren Fliesenleger zu neutralisieren …

FRAU 1: Er ist kein schlechter Mensch, denke ich, er kann nur nicht Fliesen legen. Irgendwann habe ich mich selber informiert, wie das geht und ihn angelernt. Aber mittlerweile will er immer, dass ich ihm etwas koche, wenn er kommt, er sagt, das macht seine Frau schließlich auch.
KLAUS: Eine Frechheit! Und was machen Sie?
FRAU 1: Spaghetti mit Fleischsauce.
FRAU 2: Widerlich!
MANN 3: Sie können da zum Beispiel Rattengift reinrühren. Geringe Spuren davon sind nicht nachweisbar. Es gibt eine sehr empfehlenswerte Geschichte über einen Handwerkermassenmord von Rafik Schami …
PSYCHOLOGE: Robert, ich bitte Sie!

FRAU 2: Ich weiß auch nicht, was das bringen soll. Wer tot ist, kann keinen Mangel mehr beseitigen!
MANN 4: Das stimmt nicht. Ihr wisst doch, wie ich meinen Fensterbauer, der angeblich verstorben war, nur weil er es über Ewigkeiten nicht schaffte, mir im ganzen Haus einen einzigen Fensterstock richtig einzusetzen und dabei alles kaputtmachte, die ganzen Wände, alles immer weiter kaputtmachte, die gesamte teure Außenwärmedämmung kaputtmachte, wie ich den in Australien wiedertraf. Im einem sündteuren Hotel! Von meinem Geld! (Plötzlich hasserfüllt) Und wie er anfing zu rennen, als er mich sah! Und wie ich, jaha, und wie ich …

Er beginnt zu schnaufen.

PSYCHOLOGE: Wolfgang, gehen Sie bitte in die Ecke zum Boxsack. Sofort!

MANN 4 stützt auf den Boxsack zu, der einen blauen Overall und eine blaue Schirmmütze trägt und beginnt mit beiden Fäusten auf ihn einzudreschen.

PSYCHOLOGE: Gut, Wolfgang, sehr gut! Fester, machen Sie weiter! Klaus, wir waren bei Ihnen. Wie ist Ihr Verhältnis zu Ihrem Installateur?
KLAUS (scharf): Er ist nicht MEIN Installateur! … Entschuldigung …
PSYCHOLOGE (winkt ab)
KLAUS: Also gut, er kommt immer um halb fünf, was bedeutet, dass ich früher anfangen muss zu arbeiten, damit ich früher weg kann, um ihm die Tür zu öffnen. Das ist blöderweise der einzige Weg. Ich habe ihm in der ganzen Zeit schon mehrere Wohnungsschlüssel gegeben, aber die hat er alle verlegt oder verloren. Also haste ich heim. Er riecht immer sehr nach Schweiß, deshalb lasse ich ihn Fahrstuhl fahren und nehme die Treppe …
MANN 2: Haben Sie es schon mal umgekehrt versucht?
KLAUS: In der nächsten Woche war er krankgeschrieben, wegen seiner Hüfte.

Bitteres Lachen in der Runde.

KLAUS: Wenn wir oben sind, diskutieren wir darüber, ob es aus dem Abfluss riecht. Es riecht natürlich. Dann schraubt er den Abfluss auf und wieder zu …
MANN 2: Typisch. Und sonst tut er nichts!
KLAUS: Doch. Er hat schon fünf Auswechselabflüsse aus- und wieder eingebaut. Am Gestank hat das nichts geändert. Er hat mir ein paar Mal das Bad geflutet. Er hat jede Menge Raumsprays angeschleppt und mich aufgefordert, die zu be-

nutzen. Aber zehn Minuten später hat es wieder nach Aas und Kanalisation gerochen. Er hat gesagt, das liege daran, dass Regen kommt, aber es roch auch bei Trockenheit. Er hat gesagt, das sei eben so bei Trockenheit, aber es roch auch bei Nässe. Irgendwann hat er mir vorgeschlagen, mein Schlafzimmer ins Bad zu verlegen und umgekehrt, dann stinke es im Bad nicht mehr …
PSYCHOLOGE: Wenigstens scheint er Humor zu haben. Das sollte Sie hoffen lassen!
KLAUS: Das mit dem Humor habe ich mir auch gedacht. Aber er hat es ganz ernst gemeint. Ich finde das unglaublich, es kann doch für einen Profi …

Ausdauerndes Hohngelächter.

KLAUS: … na gut, es kann doch für einen Installateur nicht schwer sein, einen Abfluss so hinzukriegen, dass es nicht stinkt. Naja, ich habe ihm auch die Fernbedienung für meinen Fernseher acht Mal erklären müssen.
MANN 2: Wozu denn das? Sie werden diesen Kerl doch nicht fernsehen lassen! Er soll reparieren!
KLAUS: Eigentlich haben Sie recht. Aber irgendwann saß er halt im Wohnzimmer auf dem Sofa und hat gefragt, wie das Ding funktioniert, weil gleich Bayern gegen HSV kommt. Er haut sich auch zwischendurch in der Küche ein paar Ölsardinen in die Pfanne, wenn er Hunger hat. Und meine Chips isst er auch.
MANN 4 (von hinten): Lächerlich. Das ist noch gar nichts! Meine Tochter hat mir neulich Ihren Freund vorgestellt. Und wissen Sie, was das für einer war? Wissen Sie, welchen Beruf er hatte? Er war Schreiner. Ein Handwerker. Ein gottverdammter Handwerker!

Er schlägt noch wuchtiger auf den Boxsack ein.

FRAU 1: Und das lassen Sie zu?
MANN 4: Ich habe ihn zigmal aus meinem Haus geworfen, ich habe ihm verboten, meine Tochter noch ein einziges Mal zu sehen, ich habe die Reifen seines Autos zerstochen, ich habe meine Tochter enterbt, ich habe einen Detektiv auf ihn angesetzt, um ihm eine Schweinerei unterzuschieben ...
PSYCHOLOGE: Wolfgang, es war hart für Sie, aber nun ist Klaus an der Reihe ...
MANN 4 (laut): Und was ist passiert? Nächste Woche heiraten sie! Meine einzige Tochter! So einen! SO EINEN!!!
PSYCHOLOGE: (streng): Wolfgang!

MANN 4 schlägt schluchzend und immer schneller auf den Boxsack ein.

PSYCHOLOGE: Klaus, Inge hatte Sie gefragt, ob Sie es zulassen, dass der Installateur einfach auf Ihrem Sofa sitzt, fernsieht und Ihre Chips isst.
KLAUS: Sie meinen, weil er so nach Schweiß riecht? Ich bin wegen des Gestanks aus der Dusche meistens sowieso nicht da. Wir haben ein Café an der Ecke, wann immer es geht, sitze ich davor, auch im Winter. Aber seit Neustem fängt mein Installateur selber an, sich über den Geruch zu beschweren.
FRAU 1: Über den Geruch aus dem Abfluss?
KLAUS: Über den Schweißgeruch in meinem Wohnzimmer und in meiner Küche. Den Geruch, der von ihm selber kommt!

Aufruhr in der Runde. Frauen schlagen kopfschüttelnd die Hände vor den Kopf, Männer schlagen mit den Fäusten in ihre Handflächen.

FRAU 2: Und Sie haben ihm kein einziges Mal gesagt, er soll sich waschen? Also mein Maler kann blau und grün nicht auseinanderhalten – ganz anders als sein Vater, aber der hatte Probleme mit geraden Linien – aber wenigstens musste ich ihm in all den Jahren, die die Nacharbeiten jetzt dauern nur zwei-, oder dreimal sagen, dass ich es hasse, wenn sich jemand mit dreckigen Schuhen auf mein Bett legt. Oder vielleicht auch öfter, na ja, ich halte auch mehr aus als mein Ex-Mann, der hat sich scheiden lassen, weil wir nie mehr allein in unserem Haus waren …
PSYCHOLOGE: Tatjana, wollen Sie Klaus weiterreden lassen?
KLAUS: Ich habe ihm gesagt, dass er stinkt wie ein räudiger Iltis. Wie ein tasmanischer Gänsegeier. Aber er hat gesagt, das bilde ich mir alles nur ein und genau das sei auch beim Abfluss mein Problem: In Wirklichkeit hätte ich etwas gegen Menschen, die ihre Ölsardinen mit ihrer Hände Arbeit verdienen. Ich sei ein arroganter verkopfter Bürotyp, der auf andere herabsähe und ihm nur deshalb unterstelle, dass er stinke. In Wirklichkeit sei nämlich ich es, der stinke – ich könne es nur nicht zugeben. Und vorige Woche sagte er mir, ich solle endlich eine Therapie machen!

Wieder aufgebrachtes Durcheinander. Im Hintergrund lässt MANN 4 den Boxsack nach einem letzten Stakkato aus klatschenden Schlägen los und bricht tränenüberströmt zusammen. FRAU 3 bettet seinen Kopf in ihrem Schoß und spricht beruhigend auf ihn ein.

PSYCHOLOGE: Klaus, Sie sagen, er beschuldigt Sie, zu stinken, obwohl er – stinkt?
KLAUS: Nicht nur das. Er beschuldigt mich auch, ich hätte eine angebrochene Ölsardinendose, die er wochenlang in meinem Kühlschrank stehen ließ, weggeworfen, ohne ihn zu fragen.
MANN 3: Sie hätten die Dose noch ein paar Monate lang stehen lassen und ihm dann servieren sollen. Mit Gift und richtig viel Knoblauch. Vielleicht hätte er es nicht gemerkt …
KLAUS: Er hat mir auch vorgeworfen, dass ich immer das falsche Bier im Kühlschrank habe …
FRAU 2: Ich dachte, er trinkt Wasser.
KLAUS: Während der Arbeit. Aber danach will er Bier.
FRAU 2: Widerlich! Ich hasse es, wenn ich in mein Haus komme und mein Maler sitzt in meiner Badewanne, weil er nach der Arbeit gleich in der Nähe noch mal weggehen will. Und das, obwohl ich es ihm seit Jahren verbiete!
PSYCHOLOGE: Annika, egal, ob Sie ihm seit Jahren verbieten, bei Ihnen zu baden …
FRAU 2: Nein. Ich verbiete ihm seit Jahren, wegzugehen. Aber er tut es trotzdem, weil er mich eifersüchtig machen will. Dieser widerliche Typ …
PSYCHOLOGE: … wir waren immer noch bei Klaus, dessen Installateur sich beschwert, weil er das falsche Bier kaufe.
KLAUS: Und darüber, dass ich neulich nicht im Café war, sodass er den ganzen Abend nicht in Ruhe telefonieren konnte. Außerdem stört ihn mein Namensschild an der Tür.
PSYCHOLOGE: Wie bitte, Klaus?
KLAUS: Ihn stört mein Namensschild. Er sagt, das irritiert seine Freundin. Dabei hängt die doch sowieso schon immer in meiner Wohnung rum. Genauso wie seine Kumpels. Aber wenn einen von denen mein Namensschild wirklich

stört, dann hätte derjenige doch einfach mal den Mund aufmachen können. Es hat aber keiner was gesagt, kein Sterbenswörtchen. Okay, ich habe gestern dann halt mein Namensschild an der Tür ab- und seins drangeschraubt, aber das hätte er doch auch anders kommunizieren können, oder? Freundlicher, meine ich. Oder? Wo kommen wir denn sonst hin?

PSYCHOLOGE: Klaus, weinen Sie ruhig, ich denke, es ist sehr gut, dass Sie den Weg zu uns gefunden haben!

UNSER RAT: Setzen Sie dem Handwerksbetrieb immer und unbedingt eine Frist für die Mängelbeseitigung. Wo soll das denn sonst enden? Wenn das alles trotzdem nicht klappt, können Sie endlich einen Teil des Geldes einbehalten und einen anderen, fähigeren Handwerker beauftragen (so Sie ihn finden). Beachten Sie dabei nur unbedingt die Verjährungsfristen.

---

11. Vom Schlichter zum Richter: Was, wenn die Konflikte unlösbar werden?

Es kann natürlich auch sein, dass alles wunderbar aussah und Sie pflichtgemäß bezahlt haben. Und Ihr maßgefertigter Badezimmerspiegel exakt einen Tag nach der Überweisung zu Boden krachte. Ihre frisch gemauerte Gartenmauer eine Woche danach seufzend in sich zusammensank. Ihr prima reparierter Backofen erst bei der Weihnachtsgans im Folgemonat in Flammen aufging.

Keine Sorge, wird man Ihnen sicherlich gesagt haben: Mängel, die Sie erst entdecken, wenn der Handwerker schon weg ist, können Sie auch noch innerhalb der Verjährungsfrist beanstanden. Diese Frist, das klingt beruhigend, beträgt für Reparatur- und Wartungsarbeiten zwei Jahre, bei grundlegenderen Bauarbeiten sogar fünf.

Ziemlich häufig relativiert sich die anfängliche Beruhigung eines Handwerkerklienten allerdings wieder. Beispielsweise, wenn in der Firma, die eben noch fröhlich bei Ihnen war, plötzlich niemand mehr das Telefon abnimmt, weil sie nicht mehr existiert. Oder schlimmer, wenn jemand abnimmt, verspricht, er oder sie werde sich um Ihr Anliegen kümmern, und nichts passiert. Diese Variante ist die häufigere und meist handelt es sich dabei um ein ausgeklügeltes Spiel auf Zeit, genauer gesagt: Man wird versuchen, Sie zufälligerweise genau so lange hinzuhalten, bis die Frist verjährt ist.

Nun könnte man meinen, fünf, oder auch zwei Jahre seien ein so langer Zeitraum, dass krumme Touren schlechterdings unmöglich seien. Das dachte sich der Gesetzgeber[40] vermutlich auch.

Allerdings rechnete niemand mit dem Erfindergeist der Handwerksbetriebe. Wobei es zu unterscheiden gilt zwischen Firmen alter Schule und Firmen, in denen ein neuer, nicht unbedingt besserer Geist herrscht.

In Firmen alter Schule läuft ein leiernder, Anfang der 80er Jahre besprochener Anrufbeantworter, auf dem man Sie bittet, Name und Begehr zu hinterlassen, man werde schnell zurückrufen. Das gilt allerdings nur für Neukunden (wie Sie anfangs einer waren). Wer so naiv ist, aufs Band zu sprechen, man sei bewusster Herr Hinzpeter aus dem Fasanenweg 12a und habe noch ein paar dringende Anmerkungen zur geleisteten Arbeit, wird vergebens auf den Rückruf warten.

Irgendwann, wenn man den Betrieb persönlich aufsucht, findet man dort eine ältere Frau vor. Bleibt ihr keine ande-

---

[40] Nach unbestätigten Quellen soll es sich dabei um Erwin Ollenhauer aus Rothenburg/Wümme handeln, der damals in seiner Eigenschaft als Saaldiener im Verbraucherschutzministerium als Erster die vielfach kopierte Kopie des neuen Verbraucherschutzgesetzes an die erschienenen Beamten und Ministerialen austeilte, also vergab. Ollenhauer selbst dementiert dies. Es handle sich um eine Namensverwechslung. Er sei in Wirklichkeit lange Jahre als einfacher Zimmermann tätig gewesen und habe mit Gesetzen nie etwas am Hut gehabt. Wir sind allerdings der Auffassung, dass sich Ollenhauer mit dieser Schutzbehauptung noch weit verdächtiger macht; tatsächlich gibt es Kollegen, die bemerkt haben wollen, dass er damals zum angeblichen bloßen Vervielfältigen am Kopierer ungewöhnlich lange benötigte, was sich nicht allein mit typisch handwerklichem Ungeschick erklären lässt.

re Wahl, hört sie sich Ihre Reklamation an, nickt und verspricht, mit ihrem Mann, dem Chef, zu sprechen, aber es könnte etwas dauern, er sei sehr beschäftigt. Nun vergehen wieder etliche Wochen, vielleicht auch Monate, bis Sie wieder hinfahren. Die ältere Frau kann es gar nicht glauben, dass ihr Mann sich noch nicht bei Ihnen gemeldet habe. Er sei gerade auf Montage, aber wenn er wieder zurückkomme, werde sie mit ihm reden.

Es folgen noch viele solcher frustrierender Gespräche. Und wenn Sie irgendwann schließlich rufen, das sei nun allmählich ein Fall für die Polizei, werden Sie, wenn Sie von der Arbeit heimkommen, auf Ihrem Anrufbeantworter sogar endlich die Stimme des Chefs vernehmen, der sich angeblich seit Wochen bemühe, Sie zu erreichen.

Weitere zwei Monate später hat die ältere Frau schließlich sogar eine Handynummer herausgerückt, die jene des Chefs sein soll. Doch egal, wann auch immer Sie dort anrufen, Sie erreichen niemanden.

Da Sie bis zum Ablauf der Zweijahresfrist nur noch drei Monate haben, postieren Sie sich irgendwann vor der Firma und fangen den Chef ab. Er kann sich an nichts erinnern.

Als Sie, um seine Erinnerung aufzufrischen, später mit dem unterschriebenen Auftrag zurückkehren, teilt man Ihnen mit, dass der Chef wegen Demenz im akuten Stadium in Behandlung sei. Aber sobald er aus dem Sanatorium zurück sei, werde er sich melden, versprochen. Natürlich meldet er sich nicht. Stattdessen erfahren Sie, dass es eine neue Firma und einen neuen Chef gebe, einen knallharten Burschen, der nicht daran denke, für die Fehler seines Vorgängers aufzukommen. Dass Sie später herausfinden, dass der neue Chef der alte ist, hilft Ihnen dann auch nicht mehr: Die Frist ist abgelaufen.

In Firmen neuerer Schule hingegen meldet sich eine junge Frau mit sympathischer Telefonstimme, die sich Ihre Geschichte mit größtem Bedauern anhört und verspricht, sofort den Handwerkern Bescheid zu sagen. Der weitere Verlauf des Dramas ähnelt dem bei Firmen alter Schule, mit dem Unterschied, dass die sympathische Frau immer ans Telefon geht, wenn Sie anrufen. Es dauert deswegen auch ziemlich lange, bis Sie herausgefunden haben, dass sie in Wirklichkeit in Irland oder Indien sitzt und für ein Callcenter arbeitet, das für Handwerksbetriebe die Betreuung von Problemkunden übernimmt. Das heißt, sie verfügt über eine spezielle Ausbildung und wird in ausdauernden und erforderlichenfalls unzähligen Telefonaten alles tun, um Sie davon zu überzeugen, dass ein maßgefertigter Badezimmerspiegel ein hochexklusives Produkt sei, das mit höchster Vorsicht, genauer: wie ein rohes Ei, behandelt werden müsse. Und man sich einem solchen Spiegel keinesfalls auf mehr als drei Meter und auf etwas anderem als dicken Wollstrümpfen nähern dürfe – aber das hätten Sie doch vorher gewusst? Dass ein Haufen Schutt im Garten doch wesentlich naturgemäßer sei als eine profane Mauer, und ob Sie nicht eine Liste passender Biotop-Kräuter bräuchten? Und dass ein fetter Weihnachtsbraten sowieso alles andere als gesund sei; ob Sie es schon mal mit Sushi versucht hätten?

Unbestätigten Statistiken zufolge gibt sich etwa ein Drittel der Anrufer irgendwann geschlagen und/oder beginnt eine Eigentherapie gegen Querulantentum. Ein weiteres Drittel gibt auf, wenn sie gebeten wurden, den Mangel an die angebliche Reklamationsfaxhotline des Betriebes zu senden. Das Fax hat jedoch keine Chance, die reale Firma jemals zu erreichen, denn das Gerät steht in einer Wellblechhütte auf den Bahamas und Papier wird nur selten nachgelegt.

Wer nun außer sich beschließt, den Betrieb persönlich aufzusuchen, um sich die Jungs vorzuknöpfen, läuft immer öfter ins Leere. Ein Trend unter modernen Handwerksfirmen nämlich ist die virtuelle Firma: Am Firmensitz finden empörte Kunden nichts außer einem von wütenden Schlägen und Tritten ihrer Vorgänger ramponierten Briefkasten – Fahrzeuge, Material, Gesellen, Hilfsarbeiter befinden sich an einer völlig anderen, oft auch an mehreren anderen Anschriften, die nur die jeweils dort arbeitenden Firmenangehörigen selber kennen.

Dieses System wurde von der zellenartigen Organisationsweise polnischer Schwarzarbeitsfirmen abgeleitet, um reklamierenden Kunden, aber auch Betriebsprüfungen, ausweichen zu können. Auch im Fall einer Insolvenz bietet die virtuelle Firma Vorteile: Für den Briefkasten findet sich zumindest ein interessierter Schrotthändler, und da sämtliche andere Firmenstandorte als völlig eigenständige, oft Ein-Mann-, beziehungsweise Ein-Gerät-Firmen laufen, ist die Haftung des Chefs so begrenzt, dass sich der Weg in die Zahlungsunfähigkeit bereits bei ein, zwei größeren Reklamationen lohnt.[41]

Und wie machen Sie dann weiter? Wie bereits vielfach erwähnt, sofern Sie unglücklicherweise schon bezahlt haben, hilft nur noch wenig – angenommen, Sie möchten nicht den überlangen Rechtsweg beschreiten oder aber abkürzend zu verzweifelten Maßnahmen greifen, die zwar wir verstehen

[41] Allerdings, das sollte nicht unerwähnt bleiben, dieses Zellensystem hat auch Nachteile. So kam es beispielsweise zu einer wilden Schießerei im Kasseler Stehcafé »Brot und Spiele«, weil Handwerker zweier unterschiedlicher Firmen ein- und denselben reservierten Stehtisch für sich reklamierten. Erst das Überfallkommando der Polizei konnte klären, dass beide Gruppen denselben Chef hatten, der nach dem Zellensystem arbeitete und einfach versäumt hatte, seine Leute einander vorzustellen.

könnten, nicht aber die Gerichte. Ach doch, da gibt es noch etwas: Die Handwerkskammern, in der alle ordentlichen Handwerksbetriebe verpflichtend organisiert sind, die die Interessen des Handwerks fördern und die also im Grunde das mittelalterliche Zunftwesen abgelöst haben, das seinen Mitgliedern Aufträge und Arbeit sicherte und den Markt von allen anderen Wettbewerbern abschottete. Es gibt viele geprüfte Handwerkerkunden, die der festen Überzeugung sind, dass die Zünfte heimlich auch heute noch weiterbestehen und ihre Mitglieder noch genauso arbeiten wie im Mittelalter, teilweise mit der gleichen Technik. Die Handwerkskammer wird daher häufig als »Kammer des Schreckens« bezeichnet.

Die wahre Kammer des Schreckens jedoch ist die von der Kammer kontrollierte Innung auf Stadt- oder Kreisebene, ein freiwilliger Zusammenschluss engagierter Handwerker – die auch bei Streitigkeiten mit Auftraggebern vermitteln soll. Und genau darauf setzte auch der unglückliche Umweltfreund Tobias Heinrich, dessen Aufzeichnungen wir hier wiedergeben.

Kein Versuch über die Schlichtung. Oder:
Heinrichs Verschwinden

Heute war es genug. Nach dem achten erfolglosen Anruf in acht Wochen bei dem Kerl, der die Installation meiner Solaranlage verbrochen und unsere Katze auf dem Gewissen hat, setzte ich mich mit der zuständigen Innung in Verbindung. Im ersten telefonischen Gespräch war der Herr am Telefon dort ebenso schockiert wie ich.

»Und Sie sagen, das ist einer unserer Installateure gewesen?«, fragte er ungläubig. »Es ist einer unserer Installateure gewesen, der Ihnen die Photovoltaikanlage aufs Dach gesetzt hat – und dann vergessen hat, sie zu befestigen, sodass die vom Dach rutschte und die Katze Ihrer Frau erschlug?«

»Korrekt«, sagte ich, »aber das war nicht das Schlimmste. Das Schlimmste war, dass er die Anlage, oder das, was davon übrig war, dann wieder aufs Dach setzte und befestigte..«

»...Glücklicherweise!«, rief der Herr am Telefon. »Aber danach«, sagte ich schnell, »danach funktionierte die Anlage erwartungsgemäß nicht. Egal in welcher Einstellung – sie ging nicht! Und so ist es bis heute.«

»Und«, sagte der Herr am Telefon, »Sie haben bereits bezahlt?«

»Ja«, rief ich, »der Installateur sagte mir, das müsse ich, ich müsse im Voraus bezahlen, um die staatliche Förderung zu erhalten, das sei genauso wie bei der Abwrackprämie!«

Der Herr versprach erschüttert, mit dem Installateur zu sprechen und fragte nach dessen Namen: »Wölfel, Gerd Wölfel!«, rief ich.

»Das kann nicht sein«, sagte der Herr, »Gerd Wölfel ist Vorsitzender unserer Innung!«

»Na und?«, rief ich. »Dann missbraucht er sein Amt! Sie müssen mit ihm sprechen.«

Wochen später rief mich der Herr wieder an, um mir mitzuteilen, dass er mit Gerd Wölfel gesprochen habe, aber Herr Wölfel als Vorsitzender der Innung sage, die betreffende Photovoltaikanlage sei sachgerecht installiert worden, funktioniere einwandfrei und ich sei ein Querulant.

»Und?«, rief ich, »was werden Sie nun unternehmen?«

»Wieso unternehmen?«, fragte der Herr. »Die Sache ist doch geklärt!«

Während ich erschüttert schwieg, legte er auf. Beim vierten Anruf erreichte ich ihn wieder. »Ich bin kein Querulant!«, rief ich. »Und die Anlage funktioniert nicht!«

Der Herr sagte, darüber müsse er nachdenken. Ich rief, darüber müsse man nicht groß nachdenken und was er gedenke zu unternehmen. In solchen Fällen, sagte der Herr nachdenklich, gebe es ein Zusammentreffen mit einem Schlichter, was allerdings 145 Euro koste. Das sei egal, rief ich, ich wolle das Zusammentreffen von Herrn Wölfel und mir mit dem Schlichter. Der Herr sagte, er würde mir den Termin zukommen lassen.

Einen Monat später erhielt ich ein Dokument in einem grauen Briefumschlag, das mich zwecks Schlichtungsgesprächs am Mittwoch um 11 Uhr ins Innungshaus bestellte.

Das Innungshaus war ein düsteres neogotisches Gebäude in Stadtmitte; auf umlaufenden Friesen grinsten Totenköpfe. Am Empfang saß ein Hüne, dessen Gesicht eine Narbe verunzierte. Verächtlich warf er einen Blick auf meinen Zettel, knüllte ihn zusammen und führte mich humpelnd und wortlos einen langen dunklen Gang entlang in einen fast fensterlosen Raum. Dort saß ich zwei Stunden. Dann öffnete sich die Tür und mein Installateur Gerd Wölfel trat ein, setzte sich mir gegenüber und fragte zähnefletschend, wo das Problem sei. Ich sagte, er kenne das Problem und nun wolle ich warten, bis der Schlichter hier sei. Er sagte, er sei der Schlichter.

Ich sprang auf und rief, das sei unmöglich.

Er sagte, so sei es aber. Ich verzichtete auf die Schlichtung, aber er ließ mich erst gehen, nachdem ich 145 Euro bezahlt hatte, sonst würde er mich in einen Käfer verwandeln, hier und sofort. Sein Lachen hallte noch am Ende des Ganges hinter mir her.

Das Gebäude war innen sehr verwinkelt und bestand aus vielen, einander gegenläufigen Gängen und Treppenhäusern. Über eine halbe Stunde irrte ich im Kreis, ohne an jemandem vorbeigekommen zu sein, den ich nach dem Weg nach draußen hätte fragen können. Hinter den dicken Mauern hatte auch mein Handy keinen Empfang. Ich begann, gegen die Türen zu klopfen, an denen ich vorbeikam, aber niemand antwortete. Irgendwann begann ich, die Türen aufzureißen. Fast alle Zimmer waren leer, völlig leer.

Hinter der zwanzigsten Tür saß endlich ein Mann, auf einem Podest an einem altertümlichen riesigen Schreibtisch. Erleichtert schilderte ich meine Zwangslage.

»Ich erkenne Ihre Stimme«, sagte der Herr. »Ihr Name ist Heinrich, Tobias Heinrich, richtig?«

Es war der Herr vom Telefon. Kopfschüttelnd hörte er sich an, was ich erzählte. »Ich würde Ihnen ja gerne helfen«, sagte er. »Aber der Innungsvorsitzende hat die Befugnis, den Schlichter zu vertreten.«

»Auch in diesem Fall?«, rief ich fassungslos.

»Gerade in diesem Fall«, sagte er. »Sonst würde eine solche Vertretungsregelung ja keinen Sinn machen.«

»Und sonst«, rief ich, »wer ist sonst der Schlichter? Vielleicht kann es eine Ausnahme geben, Sie müssen verstehen, so eine Photovoltaikanlage ist teuer, es geht um viel Geld, um sehr viel Geld, um meine finanzielle Zukunft …«

Er nickte.

»Den üblichen Schlichter kennen Sie schon«, sagte er. »Er heißt Frank Wölfel. Und sitzt am Empfang.«

»Ein … Bruder von Gerd? …« keuchte ich. »Und ER ist der Schlichter? Ausgerechnet er?«

Der Herr kicherte. »Kein Bruder«, sagte er. »Ein Cousin. Der Bruder bin ich!«

Er begann zu lachen und entblößte dabei ein kräftiges Gebiss mit zwei weißen langen Eckzähnen. Und während er immer weiter lachte, trat er mit stechenden Augen auf mich zu.

Mit einem gellenden Schrei warf ich mich herum.

»Bleiben Sie«, rief er. »Was haben Sie denn, denken Sie, Sie entgehen Ihrem Schicksal? Warum sonst sind Sie denn hergekommen?«

Ich hetzte aus der Tür, als von irgendwo eine Glocke wuchtig und dröhnend zu schlagen begann, ich rannte nach links, nach rechts, eine Treppe hinauf und versteckte mich in einem der vielen leeren Zimmer.

Dort bin ich immer noch, Gott weiß wie lange schon. Von draußen höre ich Schritte durch die Gänge hasten, höre Rufe und das gierige Schnalzen von Latzhosenträgern, man sucht nach mir. Ich habe alles, was ich weiß, auf diesen Zettel geschrieben, den ich gleich zusammen mit meinem Schuh aus dem Fenster werfen werde, aus dem Fenster, das hoch unter der Decke ist und so winzig wie ein Fenster in einem Gefängnis, unten auf der Straße müssen doch Leute sein, barmherzige Menschen, bitte, wenn Sie diesen Zettel finden, helfen Sie mir, holen Sie die Polizei, bitte retten Sie mich …

Falls Sie noch Geld und Nerven haben

Der Rechtsweg

Sollten Sie nach dem vorstehenden Text fest davon überzeugt sein, bei unlösbaren Streitigkeiten mit Handwerksbetrieben sei es besser, sofort den Rechtsweg zu beschreiten, müssen wir Sie schon wieder warnen: Dies wird oft nichts anderes bedeuten, als dass Sie fortan nicht nur mit Ihren Handwerkern altern, sondern auch mit Ihren Anwälten, Richtern und Gutachtern.

Denn es gibt viel zu viel Handwerkspfusch und viel zu wenige Gerichte. Und auch die Gutachter, die vom Gericht beauftragt werden, zu klären, ob Sie recht haben und der Handwerker wirklich gepfuscht hat, haben so viel zu tun, dass Sie ein sehr geduldiger und charakterfester Mensch sein müssen, bevor Sie den Rechtsweg beschreiten – auch und erst recht in Fällen, in denen Sie scheinbar eindeutig im Recht sind.

Geschäftstipp:

Wenn Sie im Zuge Ihrer Handwerkererfahrungen festgestellt haben, dass Sie über technisches Verständnis und über eine gewisse handwerkliche Begabung verfügen, Sie also vielen Handwerkern schon etwas voraushaben: Machen Sie einen Schnellkurs und werden Sie Gutachter. Die Aussichten sind glänzend; Beschäftigung über viele Jahre ist Ihnen gewiss!

Nehmen wir einmal an, Sie haben festgestellt, dass ihre neu eingesetzte Arbeitszimmertür nicht offen bleibt, sondern immer zugeht. Alle Nachstellversuche waren vergeblich, denn vermutlich ist der Türstock schief. Im Grunde ist das nur eine Kleinigkeit, die man mit einem Türstopper lösen könnte (wozu wir Ihnen in Anbetracht des Folgenden dringend raten würden). Aber Sie haben keine Lust mehr, dem Tischler das durchgehen zu lassen, der ein sturer Hund ist und rotzfrech alles leugnet, selbst wenn sich die Tür vor seiner Nase schließt. Und Sie haben auch keine Lust, aus eigener Tasche einen anderen Tischler dafür zu bezahlen, dass er den Türstock neu einsetzt (was wir Ihnen ebenfalls eher raten würden). Dann also kann es ein halbes bis dreiviertel Jahr dauern, bis ein Richter einen Beweisbeschluss erlässt und Sie auffordert, für das gerichtliche Gutachten einen Vorschuss von fünfhundert Euro zu bezahlen. Den Sie sofort überweisen, denn natürlich bekommen Sie das Geld, ebenso wie Ihr Anwaltshonorar, später wieder, wenn sich herausstellt, dass Sie im Recht sind (woran für Sie kein Zweifel besteht).

Nachdem Sie überwiesen haben, dauert es ein weiteres halbes bis dreiviertel Jahr, bevor der Gerichtsgutachter anrückt, um festzustellen, ob die Tür von alleine zugeht. Das heißt, anrücken will, denn zum vorgesehenen Zeitpunkt ist Ihr Prozessgegner Tischler Maumau im Urlaub in Florida. Also wird ein neuer Termin festgesetzt, der ein halbes Jahr später liegt. Dann allerdings sind Sie im Urlaub. Der dritte Termin, nach weiteren drei Monaten, klappt dann endlich.

Und so haben Sie nach zweieinhalb Jahren und jeder Menge Beulen an der Stirn dann endlich die gutachterliche Bestätigung, dass Ihre Tür nicht fachgerecht eingebaut wurde. Was dann allerdings immer noch aussteht, ist der Richterspruch, und vielleicht will Tischler Maumau Sie ja ärgern, behauptet, Sie hätte die Türscharniere manipuliert, weil Sie Handwerker nicht leiden können und geht in die nächste Instanz.

Psychotipp:

Bezahlen Sie lieber einen anderen Tischler. NACHDEM er die Sache behoben hat. Und denken Sie dran: Tischler Maumau ist ein mieses Schwein, aber wenigstens sind Handwerkerleistungen steuerlich absetzbar.

Ein Gerichtsverfahren ist natürlich auch deshalb eine harte Prüfung, weil nicht nur Ihre Nerven und Ihr Zeitgefühl einem längeren Belastungstest unterzogen werden, sondern auch Ihr Budget. Sie müssen nicht nur Ihre Anwaltsgebühren und anteilige Gerichtsgebühren vorstrecken, sondern eben auch zumindest zum Teil und je nach Vorgeschichte die Gutachterkosten – die sich, je nach Zahl der Mängel, um die es geht, durchaus auf einige tausend Euro summieren können, und – dreht es sich um Projekte wie Ihr fehlerhaft erstelltes Haus – auf einige zehntausend Euro. Geld, das man tunlichst einplanen sollte, wenn man Handwerker in größerem Umfang für sich tätig werden lässt. Beim Hausbau etwa können die im Schnitt anfallenden Kosten für die Fehlerbeseitigung ohne Weiteres noch einmal zehn Prozent der für den gesamten Bau eingeplanten Summe ausmachen und die – vorläufigen – Kosten im Falle eines Rechtsstreits das Dreifache. Viele pfuschende Handwerker und Bauträger spekulieren angesichts dieser Dimensionen höchst erfolgreich darauf, dass Häusle- oder Wohnungs(um)bauer nach Ende des Baus, der sowieso teurer geworden ist, nicht mehr das nötige Kleingeld haben, um zu ihrem Recht zu kommen.

Dazu kommt, dass man sich gerade im einen oder anderen Fall bei dem es wirklich teuer wird, auch wirklich mal irren kann. Etwa, weil man in der frisch gebauten Wohnung die Nachbarn durch die Rigipswand zwar sehr deutlich reden hört, und noch deutlicher hört, wenn sie ihr Kind morgens ermahnen, die rote Brotbüchse in die Schule mitzunehmen – ganz zu schweigen davon, dass man das Kind nebst Freunden deutlich spielen, streiten und schreien und sich gegenseitig die Köpfe gegen die Zwischenwand schlagen hört.

Und dann erscheint der Gerichtsgutachter, um zu messen und stellt fest, dass die Lärmbelastung aus der Nachbarwohnung noch um ein Dezibel unter der erlaubten Obergrenze liegt, die Wand also nach der gültigen DIN, nennen wir sie 5343-CF, die wiederum auf DIN 2623/A aus dem Jahr 1964 zurückgeht,[42] lärmtechnisch »völlig in Ordnung« ist. Und dass der Wohnungseigentümer den Kopf nicht hängen lassen sollte, es gebe doch durchaus lärmvermeidende interne Gestaltungsmöglichkeiten, etwa die in den 60er und 70er Jahren so beliebte knöchelhohe Teppichauslegware oder im Falle der Nachbarwand die vor Jahrhunderten so verbreiteten Wandgobelins …

Es gibt noch weit mehr solch bizarrer Vorschriften, mit denen hochbezahlte, erwachsene Gutachter heutzutage arbeiten, gerade auch beim Lärm- beziehungsweise Schallschutz – beispielsweise die, dass Badezimmer und Flure nicht zu den lärmtechnisch »schützenswerten« Räumen zählen. Was praktisch bedeutet, dass man sich zwar in seine neue Wohnung ein 80 000-Euro-Designerbad einbauen lassen kann. Aber es völlig okay ist, dass, während man sich bei klassischer Musik und Kerzenschein in der unterwasserbeleuchteten Wanne räkelt, dicht hinter einem die Exkremente des oberen Nachbarn im mangelhaft gedämmten Fallrohr krachend und klatschend in die Tiefe fahren. Denn, wie gesagt, in einem Bad – und ebenso wenig im Flur mit der gemütlichen Leseecke – gilt nicht mal die lausige DIN 5343-CF.[43]

---

[42] Die DIN entstand selbstverständlich nicht zum Schutz der Kunden, sondern zum Schutz der Handwerks- und Baubetriebe, denen man die paar Pfennige für hochwertigere Materialien und eine bessere Ausbildung der Angestellten ersparen wollte und die zum Dank bis heute eine zeitgemäße Reform mit Zähnen und Klauen verhindern.

[43] Diese für Handwerker kosten- und aufwandsparende Regelung stammt nach unseren Recherchen ungefähr aus dem Mittelalter und wurde durchgesetzt von der damals schon sehr mächtigen Zunft der Toilettenrohrverleger; einer Gruppe von Leuten, die ein überaus gutes Leben führten und überaus wenig arbeiteten – oder

Insider vermuten, dass diese aus Kundensicht doch insgesamt etwas schwierige Rechtslage schlampige Bau- und Handwerksfirmen in der Realität des Alltags sehr effektiv von Nachbesserungsansprüchen entlastet. Eine streng geheime Studie, die Professor Hans-Dieter Möllershorn aus Schweinfurt im Auftrag der Handwerkskammern ursprünglich zur beklagenswerten Lage von mittelständischen Handwerksbetrieben erstellen sollte, kam jedenfalls zu dem überraschenden Ergebnis, dass die von den Handwerksbetrieben für eigentlich fällige Mängelbeseitigung eingesparten Gelder im Schnitt jedes Jahr mehr als 26 000 Fahrzeuge, 3679 Fincas auf der Iberischen Halbinsel, aber auch immerhin 9000 Arbeitsplätze finanzieren – Dimensionen, gegen die das neueste Konjunkturpaket der Bundesregierung ziemlich blass aussieht. Ein weiterer Grund für den Gesetzgeber, folgerte Möller, die Lage keineswegs zu ändern, ja, sie wo möglich unter Zuhilfenahme weiterer realitätsferner Richtlinien und antiquierter Normen für das Bau- und Handwerksgewerbe noch weiter auszubauen.[44]

UNSER RAT: Ob Sie die Zumutungen eines Prozesses auf sich nehmen wollen, ist stark abhängig von Ihren Finanzen, Ihrem Gerechtigkeitsempfinden und Ihrem Glauben daran, dass am Ende tatsächlich die Gerechtigkeit siegt. Aber machen Sie uns für die Folgen bloß nicht verantwortlich.

haben Sie schon einmal eine mittelalterliche Toilette mit Rohr gesehen?

[44] Möller selbst bearbeitet nach seiner völlig überraschenden Emeritierung zurzeit als Hilfsassistent im Auftrag der Handwerkskammer Halle eine Studie zum Thema »Pupsen im Passivhaus – nur anrüchig oder hochgefährlich?«

12.

Besser leben mit dem Schrecken – Wann Sie es bei einer Sache belassen sollten

Nun ist es vorbei. Alles ist gut.

Sie sind stolzer Besitzer eines neuen, wunderbaren Eichenholzfußbodens. Ihre Arbeitszimmertür schließt perfekt. Ihr Fenster lässt keine bisschen Zugluft durch. Ihre Küchenschränke hängen gerade und Ihre Abzugshaube verrichtet leise summend ihren Dienst. Ihr neu gestrichenes Treppenhaus ist erste Sahne; ebenso Ihr neu gefliestes Bad. Ihre Gartenmauer ist ein wahrer Hingucker, natürlich auch die frisch verlegte Einfahrt. Und das Dach: einfach dicht. Der Balkon ist an der richtigen Stelle. Ja, es kommt nicht mal heißes Wasser aus Ihrer Toilettenspülung …

Nein? So ist es bei Ihnen nicht? Und das, obwohl Sie alles taten, um den perfekten Handwerker zu finden und um sein Treiben zu ertragen? Obwohl er so lange bei Ihnen nachgebessert hat, dass Sie sein Haar von Jahr zu Jahr mehr ergrauen sahen? Oder obwohl Sie aus lauter Verzweiflung am Ende doch den Rechtsweg beschritten – oder zumindest jahrelang überlegt haben, dies zu tun? Aber trotzdem: Es ist immer noch längst nicht so, wie es sein sollte?

Wir können, wir müssen Ihnen an dieser Stelle nur raten: Lassen Sie los!

Sie haben getan, was Sie konnten, und wenn Sie alles, zumindest das meiste getan haben, von dem in diesem Buch die Rede war, dann war mehr auch nicht möglich. Und bedenken Sie: Die Welt der Handwerker ist eine Welt für sich, ein System, das seinen eigenen Regeln und ehernen Gesetzmäßigkeiten folgt. Eine der obersten dieser Gesetzmäßigkeiten ist die Regel, dass eine Sache, in der einmal der Wurm ist, nie wieder ganz gut werden kann; sie wurde schon vor Jahrhunderten von Handwerkeropfern festgehalten.[45]

Und bitte erinnern Sie sich ein letztes Mal an das, was wir Ihnen anfangs sagten: Wenn im Zusammenhang mit Handwerkern etwas nicht klappt, dann lassen Sie sich nicht einreden, dass SIE schuld sind.

Nicht mal von sich selbst.

Also noch mal: Lassen Sie los.

---

[45] Die heutige, gelegentlich auftauchende Erklärung, dieses Sprichwort sei von den Assyrern, Babyloniern und Ägyptern in dem Glauben erfunden worden, dass »Zahnwürmer« Karies verursachen, ist eine geschickte, von der Handwerkerlobby seit Jahrhunderten verbreitete Fälschung. In Wahrheit ist die Sache vom Wurm eine Feststellung aus dem Mund eines Ritters der Tafelrunde König Arthurs, der in einer Vielzahl von Turnieren die schmerzhafte Erfahrung machen musste, dass seine angeblich einwandfrei reparierten Lanzen, eine Arbeit des Handwerksbetriebes Python & Brothers, bei der ersten Feindberührung in gleich mehrere Stücke zerfielen. Anderen Überlieferungen zufolge wurde der Spruch durch einen Münchner Ernährungswissenschaftler geprägt, der in seinem maßgefertigten Garderobenschrank einen Holzwurm fand und diesen jahrelang erfolglos mit hochprozentigem Alkohol bekämpfte.

Unser Psychotipp:
Versuchen Sie, sich zu entspannen, Abstand zu gewinnen, auf andere Gedanken zu kommen. Meditieren Sie, machen Sie Yoga oder Kampfsport, treffen Sie sich endlich wieder mit Leuten. Es wird Ihnen gut tun. Und Sie werden merken, dass es in Ihrem Freundes- und Bekanntenkreis – oder zumindest auf der Welt – noch viel größere Probleme gibt. Gott sei Dank.

Gut gesagt, aber wie, schreien Sie nun, wie soll man das anstellen, mit diesem auch nach der sechsten Reparatur noch defekten Herd, diesem furchtbar unebenen Fliesenboden, dieser Toilette, aus der heißes Wasser spritzt, an dem man sich, wenn man nicht aufpasst, die Backen verbrüht? – Versuchen Sie das Positive zu sehen: Ist ein defekter Herd nicht etwas, das nicht jeder hat?

Das dachte sich auch Nele Matzen aus Darmstadt. Und entdeckte eines Abends, dass es wesentlich entspannender war, ein Essen auf dem Grill auf dem Balkon zuzubereiten, als fluchend hinter dem kaputten Herd zu stehen. Matzen grillte fortan jeden Abend auf dem Balkon, Wurst, Fleisch, Kartoffeln, Gemüse, Schokolade. Und es roch so gut, dass bald die Nachbarn kamen um mitzugrillen und mitzuessen. Und bald hatte Nele Matzen, die vorher einsam und allein gewesen war, einen großen Freundeskreis. Und als sie an einem Abend zum Nachtisch Pudding grillte, lernte sie sogar ihren zukünftigen Mann kennen.

Und beide grillten glücklich bis an ihr Ende.[46]

---

[46] Dass die Mehrzahl der Nachbarn, die das allabendliche Grillhappening als furchtbar empfinden, gegen Nele Matzen jede Menge Urteile wegen fortgesetzter Rauchbelästigung und Körperverletzung, vor allem durch das Grillen süßer Gegenstände, erwirkten, ist hierbei lediglich ein dummer Zufall.

Und ist ein Fliesenfußboden im Flur, in dem keine Fliese auf derselben Höhe sitzt wie die andere und in dem mehrere breite Spalten klaffen, nicht auch etwas, das kaum ein anderer hat?

Das dachte sich auch der arbeitslose und mehrfach geschiedene Milchwirt Jochim Bart aus Rostock, der bei einem Spielabend mit seiner fünfjährigen Tochter Sarah darauf kam, dass sich der Fliesenfußboden nach dem Entfernen aller Möbel doch ganz wunderbar als Indoor-Minigolffläche eignete. Bald kamen auch die Freundinnen von Sarah und dann wieder deren Freundinnen und Freunde. Schließlich hingen so viele Kinder ständig minigolfspielend in Achim Barts ehemaligem Flur herum, dass die Kindertagesstätte um die Ecke schloss und Bart für die Nachbarn die Kinderbetreuung übernehmen musste: Er hatte wieder einen Job![47]

Und er spielte glücklich bis an sein Ende.

Und ist eine Toilettenspülung, aus der geysirhaft eine Fontäne heißes Wasser spritzt, sobald irgendein Nachbar irgendeinen Wasserhahn aufdreht nicht erst recht etwas ganz Besonderes?

Sehen Sie, das dachte sich auch André Maritzke aus Berlin, der sich nach einigen schmerzhaften Anfangserfahrungen so an die heiße Dusche von unten (und den Minderverbrauch an Toilettenpapier) gewöhnt hatte, dass er diese Erfahrung mit anderen teilen wollte. Maritzke perfektionierte das System und entwickelte die erste Po-

[47] Dass Bart von diesem Job insofern völlig überfordert war, als er nicht verlieren konnte, nicht einmal beim Indoor-Minigolf gegen Fünfjährige, und deswegen im Laufe kurzer Zeit erst sämtlichen Kindern Hausverbot erteilte und dann mangels Kindern seinen Job als Betreuer wieder verlor, ist hier auch nicht weiter relevant.

Zufalls-Heißdusche Deutschlands. Innerhalb eines Jahres hatte er so viel Geld, dass er sogar den Handwerksbetrieb, der damals bei ihm die Installation verbockt hatte, kaufen und sämtliche Installateure entlassen konnte.[48] Und wenn er nicht gestorben ist, so poduscht er noch heute.

Sie sehen, Handwerkerpfusch kann auch ungeheure Vorteile haben.
Moment, rufen Sie jetzt, also das klingt aber nun doch sehr wie aus dem Märchen!

Sie haben recht.

---

[48] Dass Maritzke erst nach Ablauf des ersten Jahres erfuhr, dass es längst ein Konkurrenzprodukt auf dem Markt gab, genannt Bidet, und dass daraufhin seine Bank das ihm für das Marketing seiner Erfindung vorgestreckte Geld zurückforderte, das Geld, das er jedoch in blinder Rachewut für den Erwerb des mit weiteren Schulden behafteten Installationsbetriebs verwendet hatte, spielt hier nun wirklich keine Rolle.

Wir danken unserem Bauträger, den meisten am Bau unserer Wohnung beteiligten Handwerkern und den Hütern überkommener DIN-Normen für die vielfältigen Anregungen.